Jean Ilboudo

L'Enfer existe... et il est éternel

Jean Ilboudo

L'Enfer existe... et il est éternel

Un article de notre foi chrétienne, vision et témoignages de ceux qui ont vu l'Enfer

Éditions Croix du Salut

Imprint

Cover image: www.ingimage.com

Publisher:
Éditions Croix du Salut
is a trademark of
Dodo Books Indian Ocean Ltd. and OmniScriptum S.R.L publishing group

120 High Road, East Finchley, London, N2 9ED, United Kingdom
Str. Armeneasca 28/1, office 1, Chisinau MD-2012, Republic of Moldova, Europe
Printed at: see last page
ISBN: 978-620-3-84584-6

L'Enfer existe...
et il est éternel !

Le Feu de l'Enfer

Un article de notre foi chrétienne

Visions et témoignages de ceux qui ont vu l'Enfer

(Rassemblés et présentés par)

Jean Ilboudo de la Théotokos, S.J.

NIHIL OBSTAT :
+Son Eminence, Philippe Cardinal Ouédraogo
Archevêque de Ouagadougou
Ouagadougou le 25 Février 2017

Remerciements

Je voudrais en premier lieu, remercier Monsieur le Cardinal Philippe Ouédraogo qui a bien voulu lire les pages de ce livre et donner le Nihil Obstat pour sa publication.

Merci aux théologiens qui ont lu avec attention ces pages et ont fait des observations dont l'auteur a tenu compte dans la rédaction finale de ce livre.

Merci à tous mes compagnons jésuites qui m'ont encouragé et soutenu de leurs prières pendant la rédaction de ce livre et plus encore, ils ont offert des messes pour que ce livre puisse aider les lecteurs et lectrices dans leur foi et que la méditation de son contenu puisse amener des personnes à une conversion radicale.

Catéchisme de l'Eglise Catholique n° 1036 : Les affirmations de la Sainte Écriture et les enseignements de l'Église au sujet de l'enfer sont un appel à la responsabilité avec laquelle l'homme doit user de sa liberté en vue de son destin éternel. Elles constituent en même temps un appel pressant à la conversion : " Entrez par la porte étroite. Car large et spacieux est le chemin qui mène à la perdition, et il en est beaucoup qui le prennent ; mais étroite est la porte et resserré le chemin qui mène à la Vie, et il en est peu qui le trouvent " (Mt 7, 13-14) : Ignorants du jour et de l'heure, il faut que, suivant l'avertissement du Seigneur, nous restions constamment vigilants pour mériter, quand s'achèvera le cours unique de notre vie terrestre, d'être admis avec lui aux noces et comptés parmi les bénis de Dieu, au lieu d'être, comme de mauvais et paresseux serviteurs, écartés par l'ordre de Dieu vers le feu éternel, vers ces ténèbres du dehors où seront les pleurs et les grincements de dents (LG 48).

Table des matières

Le présent document contient

Puissiez-vous tirer un grand profit spirituel de cette lecture.

Je dédie ce livre au Cœur Immaculé de Marie, à la Vierge Marie, celle qui donna au monde entier il y a 100 ans (1917) le message suivant :

" Vous avez vu l'enfer où vont les âmes des pauvres pécheurs. Pour les sauver, Dieu veut établir dans le monde la dévotion de mon Cœur Immaculé. Si l'on fait ce que Je vais vous dire, beaucoup d'âmes se sauveront et l'on aura la paix. »

Message de Fatima

Préface

Une méditation salutaire

> « Qu'il est heureux, celui qui s'occupe tellement de ce terrible supplice avant qu'il arrive, que lorsque vient la mort, il y échappe lui-même ! Fasse le Ciel que vous compreniez ce qu'est le monde et ce qu'est l'Enfer ! A coup sûr, alors, vous craindriez Dieu, vous désireriez les choses célestes, vous mépriseriez le monde, et vous auriez horreur de l'Enfer » *Saint Augustin*

Le Pape Pie XII en 1949 dans une allocution aux Curés et prédicateurs de Carême à Rome écrivait ceci : « La prédication des premières vérités de la foi et des fins dernières non seulement n'a rien perdu en nos jours de son opportunité, mais elle est devenue plus que jamais nécessaire et urgente, même la prédication de l'Enfer. Sans doute, il faut traiter ce sujet avec dignité et sagesse. Mais quant à la substance de cette vérité, l'Eglise a , devant Dieu et devant les hommes, le devoir sacré de l'annoncer, de l'enseigner, sans aucune atténuation, telle que le Christ l'a révélé, et il n'y a aucune circonstance de temps qui puisse diminuer la rigueur de cette obligation. »

L'enseignement de l'Eglise affirme l'existence de l'Enfer et son éternité. « Les âmes de ceux qui meurent en état de péché mortel descendent immédiatement après la mort dans les enfers, où elles souffrent les peines de l'enfer, « le feu éternel ». La peine principale de l'enfer consiste en la séparation éternelle d'avec Dieu en qui seul l'homme peut avoir la vie et le bonheur pour lesquels il a été créé et auxquels il aspire. » CEC 1035. « Les affirmations de la Sainte Ecriture et les enseignements de l'Eglise au sujet de l'enfer sont un appel à la responsabilité avec laquelle l'homme doit user de sa liberté en vue de son destin éternel. » CEC 1036. Le Catéchisme de l'Eglise catholique en ces numéros 1033, 1034, 1035, 1036 et 1037, nous dit ce que l'Eglise tient comme sa foi sur l'Enfer.

En 1943 une mystique italienne Maria Valtorta, auteur du livre *« Il poema de l'uomo Dio », « l'Evangile tel qui m'a été révélé »* affirmait ce qui suit : « Les hommes de ce temps ne croient plus à l'existence de l'enfer. Ils se sont arrangé un Au-delà à leur goût, fort peu terrorisant pour leur conscience, qui mérite de multiples châtiments.

Disciples plus ou moins fidèles de l'esprit du Mal, ils savent que leur conscience stopperait certains de leurs méfaits, s'ils croyaient réellement à l'Enfer, tel que la foi l'enseigne.»

De nos jours il n'est pas rare de rencontrer des personnes qui affirment que l'Enfer n'existe pas puisque Dieu est bon, Dieu est Père, Dieu est miséricordieux.

Ils disent « comment est-ce possible qu'un Dieu qui est amour, qui est un Père très bon et miséricordieux pourrait-il prendre son enfant et le jeter dans le feu éternel ? Cela n'est pas possible, donc l'Enfer n'existe pas ou même admettons qu'il existe, il n'y a personne dedans. »

Des personnes qui penseraient ainsi sont dans une grave erreur, et même elles blasphèment. Le blasphème étant une parole ou discours qui outrage la divinité. Ou encore toute parole de malédiction, reproche ou irrespect prononcé contre Dieu.

Pourquoi ces personnes sont-elles dans l'erreur ? Parce qu'en vérité, ce n'est pas Dieu qui jette son enfant dans le feu éternel, c'est l'enfant qui a décidé volontairement de rejeté l'amour de son père. Ce Père très bon, plein d'amour pour l'homme qu'il a créé à son image et à sa ressemblance, ce Père plein de miséricorde, veut le salut de tous, c'est pour cela qu'il a envoyé son Fils pour notre rédemption, mais c'est l'homme qui peut refuser de s'ouvrir pour recevoir le salut offert par Dieu et rester dans un « **enfermement** », un refus de Dieu. Aversio a Deo.

L'enfer est le « *lieu* » où les pécheurs et tous ceux qui n'auront pas accepté Jésus comme Sauveur et Seigneur seront envoyés après leur mort. Ils seront rejetés loin de la présence de Dieu, et subiront éternellement toutes sortes de souffrances et de remords.

Le mystère de l'Enfer doit être compris à l'intérieur de la foi, à l'intérieur de la présentation de la révélation du Dieu de Jésus Christ. En effet, avec sa passion, sa mort et sa résurrection, Jésus a ouvert la voie pour accéder à Dieu en vue de l'éternité. Mais l'homme créé libre a la possibilité de refuser la voie ouverte et offerte pour demeurer avec lui éternellement. L'homme peut opter de vivre pour l'éternité sans Dieu. Parce que Jésus est mort pour nos péchés, pour nous réconcilier avec Dieu, et que l'homme reste libre d'accueillir le pardon divin, on doit reconnaitre que la possibilité de refuser Dieu est réelle. La miséricorde divine est sans limite mais ce don de l'amour sans réserve de Dieu n'efface pas la liberté humaine. Il faut affirmer que l'amour de Dieu ne peut que solliciter cette liberté tout en la respectant. Quand l'homme s'entête et

s'enferme dans le péché et refuse la grâce qui libère, il fait un choix contre Dieu *(aversio a Deo)* il se centre sur lui-même et se tourne de façon désordonnée vers les créatures qui deviennent sa fin dernière (*conversio inordinata ad creaturam),* c'est le choix de l'Enfer. On peut donc dire que l'Enfer ne procède pas de la volonté divine, mais il est la conséquence directe de la liberté coupable. Nous devons donc affirmer aussi bien la capacité de l'homme de forger son propre destin que la certitude de la bonté et de la miséricorde de Dieu qui veut sauver tous les hommes.
Jésus a parlé de l'Enfer dans sa prédication. Les Evangiles mentionnent à plusieurs reprises et clairement l'enseignement du Seigneur. Les apôtres ensuite ont eux aussi parlé de l'Enfer et donc l'enseignement de l'Eglise, la foi de l'Eglise repose sur une base solide quand il s'agit de l'existence de l'Enfer et de son éternité.

Dans les pages qui suivent le lecteur pourra se rendre compte que l'Enfer n'est pas n'est pas un *paradis inversé,* où le diable, Lucifer règnerait en maître, non ! C'est un lieu que Dieu a créé pour punir le diable et ses anges. Les hommes qui seront restés ennemis de Dieu, qui auront fait le mal, qui persévèreront dans le mal jusqu'au bout, y seront également jetés, pour l'éternité, sans plus aucun espoir de retour. (Mt.25,41). L'Enfer est éternel.

Le présent écrit veut nous convier à une méditation sur l'Enfer à partir d'écrits de saints, sainte Françoise romaine, sainte Véronique Giuliani, sainte Josefa Menendez, sainte Faustine, et de mystiques de l'Eglise catholique, comme Maria Valtorta.

Evidemment il convient de situer ces témoignages dans leur temps et dans leur époque. Il convient de les voir comme une prédication. Le prédicateur parle dans un langage que ceux qui l'écoutent comprennent, il usera d'images facilement reconnaissables, repérables et compréhensibles dans le champ culturel de ses auditeurs.

Il est donc possible d'attribuer à ces visions une portée symbolique de la réalité surnaturelle. Il ne faudra donc pas prendre à la lettre ce qui est fait pour être pris autrement (*pour être pris comme image ou symbole*).

Il faut simplement préciser que ce livre que vous avez entre les mains, ce témoignage sur l'Enfer n'est qu'un rappel d'une vérité de foi qui trouve son fondement dans l'enseignement de Jésus et que l'Eglise par fidélité à son fondateur, a la grave mission de proclamer.

Puisse cette méditation conduire chaque lecteur et lectrice à une conversion radicale et à ne pas manquer le but pour lequel tout homme est créé, à savoir « louer, révérer et servir Dieu notre Seigneur et par là sauver son âme.» Toute la création fut donnée à l'homme par Dieu pour qu'il puisse en user pour louer, révérer et servir Dieu son Créateur et Seigneur, mais il arrive que l'homme dans un choix libre, se détourne du Créateur et se tourne et s'attache de façon désordonnée aux créatures.

L'Enfer c'est une ***« aversio a Deo*** » et une « ***conversio inordinata ad creaturam »***.

Enfin un souhait : « Que la pensée de l'Enfer soit pour nous un moyen efficace de lutter contre les tentations, un stimulant à nous sanctifier davantage en nous donnant totalement à Dieu et en répondant plus fidèlement à son amour. Que la pensée de l'Enfer stimule aussi notre zèle apostolique. »

Jean Ilboudo de la Théotokos, S.J.

Ouagadougou le 22 juin 2017

Introduction

« Servez-vous-en pour vous guérir. La durée de la vie n'est pas ces quelques jours passés sur la terre. La vie commence quand elle vous semble finir, et elle ne finit pas. Faites en sorte qu'elle se déroule là où la lumière et la joie de Dieu rendent l'éternité belle, et non pas là où Satan est le bourreau éternel." *Sainte Françoise romaine –Traité de l'Enfer*

L'enseignement de l'Eglise affirme l'existence de l'Enfer et son éternité.

Après la publication **du « Manuscrit du Purgatoire et du Traité du Purgatoire**, nous voulons à présent mettre à disposition des fidèles cette méditation sur l'Enfer en partant d'un texte de Sainte Françoise Romaine : ***Traité de l'Enfer***, ainsi que d'autres visions de saints et de mystiques.

L'Enfer existe, et il se trouve des personnes qui nient son existence. Certains affirmant que puisque Dieu est Amour, il ne peut condamner son fils au feu éternel. Comment un père plein d'amour pour son fils, peut-il le prendre et le jeter dans le feu éternel ? Telle est leur réflexion. Ces personnes se trompent et oublient que ce n'est pas Dieu qui jette son fils dans le feu éternel, mais que c'est le fils qui dit qu'il ne veut pas reconnaitre Dieu comme son père et s'éloigne volontairement de lui. Ces personnes oublient que Dieu ne prédestine personne à l'Enfer.

L'enseignement de l'Eglise, affirme l'existence de l'Enfer et son éternité. *« Les âmes de ceux qui meurent en état de péché mortel descendent immédiatement après la mort dans les enfers, où elles souffrent les peines de l'enfer, « le feu éternel. La peine principale de l'enfer consiste en la séparation éternelle d'avec Dieu en qui seul l'homme peut avoir la vie et le bonheur pour lesquels il a été créé et auxquels il aspire. » CEC 1035.*

Dans ce domaine les prêtres, les pasteurs n'enseignent pas leurs propres idées, ou ce qui leur plait, ils présentent la foi de l'Eglise telle qu'elle se dégage de l'enseignement du Christ, des apôtres, des conciles et du magistère de l'Eglise.

A ceux qui affirment qu'il n'y a pas d'Enfer, il convient de leur faire savoir qu'une telle affirmation est une négation de l'enseignement du Christ Jésus.

Jésus a parlé de l'Enfer et à plusieurs reprises *(au moins quinze fois)* il a affirmé de façon claire que l'Enfer existe réellement. Qui sommes-nous pour dire avec une certaine légèreté qu'il n'y a pas d'Enfer.

Dans la parabole de l'homme riche en Luc 16,19-30. Cet homme tourmenté dans la flamme s'écrie : « Je te prie donc, père, d'envoyer Lazare dans la maison de mon père, car j'ai cinq frères ; qu'il leur porte son témoignage, de peur qu'ils ne viennent, eux aussi, dans ce lieu de la torture. »

De même le Christ affirme dans un enseignement sur l'amour du prochain, ce qui suit : « Mais moi je vous dis : Quiconque se fâche contre son frère en répondra au tribunal ; mais s'il dit à son frère 'crétin !', il en répondra au Sanhédrin ; et s'il lui dit 'Renégat !', il en répondra dans la géhenne de feu ». Mt. 5,22

A la fin du monde, les anges se présenteront et sépareront les justes des méchants pour jeter ces derniers dans la fournaise ardente : là seront les pleurs et les grincements de dents. » Mt.13,49-50)

Au jugement dernier, le Christ ayant séparé les justes d'avec les méchants qui seront placés à sa gauche il leur dira : « Allez loin de moi, maudits, dans le feu éternel qui a été préparé pour le diable et ses anges ». Mt 25,41

A la finale de l'évangile de Marc, le Christ dira : « Celui qui croira et sera baptisé sera sauvé ; celui qui ne croira pas, sera condamné.(Marc 16,16)

Dans l'évangile le Christ décrit la condition des damnés en Enfer.

Celui qui va en Enfer perd l'âme et le corps dans la géhenne. Mt 10,28) où il y aura des pleurs et des grincements de dents (Mt 25,30)– Il sera dans le feu éternel (Mt 25,41) et en proie à des tortures (Luc 16,24) et tourmenté dans cette flamme.(Luc 16,24)

Les apôtres à la suite du Christ ont parlé de l'enfer.

La doctrine de l'Eglise catholique sur l'Enfer n'a pas varié avec le temps.

L'enfer existe, il est éternel, les damnés souffrent différents tourments dont la principale est la séparation d'avec Dieu. (Peine du Dam).

Saint Ignace de Loyola, fondateur de la Compagnie de Jésus *(les jésuites)* dans son livre des Exercices Spirituels, propose une méditation sur l'Enfer à la personne qui fait la retraite et voici la grâce qu'il recommande de demander quand on fait cette méditation. « *Demander le sentiment intérieur de la souffrance qu'endurent les damnés, afin que, si j'en venais à oublier par mes fautes l'amour du Seigneur éternel, du moins* ***la crainte des peines*** *m'aide à ne pas tomber dans le péché* ». Exercices Spirituels n°65.

La lecture de la vision de sainte Françoise romaine et des autres qui suivent peuvent faire peur, mais le but n'est pas de faire peur, mais que la connaissance de cette réalité puisse aider chacun à revoir sa vie et son activité sur cette terre en vue d'éviter d'aller en ce lieu de souffrance.

Je terminerai par les paroles que vous lirez et qui concluront le traité de l'enfer de sainte Françoise romaine : « *Servez-vous-en pour vous guérir. La durée de la vie n'est pas ces quelques jours passés sur la terre. La vie commence quand elle vous semble finir, et elle ne finit pas. Faites en sorte qu'elle se déroule là où la lumière et la joie de Dieu rendent l'éternité belle, et non pas là où Satan est le bourreau éternel."*

Dans ce présent document nous avons voulu également en les présentant par ordre chronologique afin que le lecteur se rende compte par lui-même que l'Enfer et les peines de l'Enfer sont présentés différemment selon les périodes et les personnes qui ont reçu ces visions et révélations. Le même mystère nous est présenté de différentes manières, mais celui qui lit se rend bien compte d'un certain nombre de constantes, par exemple que chaque damné est tourmenté par ce en quoi ont consisté ses péchés. Cela se retrouve dans toutes les visions et révélations sur l'Enfer.

Nous avons voulu joindre au premier témoignage de saint Françoise romaine, les visions de l'enfer données à sainte Thérèse d'Avila (1515-1588) à sainte Véronique Giuliani (1660-1727) à sainte Josefa Menendez(1890-1923) à sainte Faustine Kowalska (1905-1938 et à la mystique italienne Maria Valtorta (1897-1961.)

Nous souhaitons que vous puissiez tirer profit de cette lecture.

Avant-propos

Faut-il vraiment croire que l'Enfer existe ?

« Il appartient à l'âme de décider d'elle-même. Le grand mystère que constitue la liberté de la personne, c'est que Dieu s'arrête devant elle. » *Édith Stein, carmélite morte à Auschwitz en 1942*

Et si nous osions ici aborder une des vérités les plus étonnantes, les plus effrayantes de notre foi chrétienne, à savoir l'existence de l'enfer où des hommes et des anges déchus souffrent éternellement pour avoir refusé de reconnaitre devant Dieu leur condition de créature. C'est un mystère énorme !

Depuis les premiers siècles du christianisme des personnes se sont levées pour contester l'existence de l'Enfer et son éternité. Mais l'Eglise a toujours maintenu et enseigné que l'Enfer existe et qu'il est éternel. C'est un article de notre foi chrétienne. Pourquoi certains se croient en droit de contester l'existence de l'Enfer et son éternité ?

Quels sont les arguments mis en avant pour contester l'existence de l'Enfer ? Nous ouvrons un dialogue.

1) Question : ***L'enfer n'existe pas et les raisons sont les suivantes*** : *Comment Dieu peut-il rester infiniment heureux en voyant un seul de ses enfants souffrir éternellement ? Comment Dieu infiniment bon et miséricordieux qui nous a créés par amour, peut-il jeter son enfant dans le feu éternel ? Dieu nous aime trop pour permettre qu'un seul de ses enfants puisse souffrir éternellement ! Et enfin, comment un Dieu infiniment juste et bon peut-il infliger un châtiment privé de toute valeur médicinale ?*

2) Réponse : Il convient en premier lieu d'affirmer ceci : Dieu qui a créé l'homme par amour, l'a créé libre. Ce Dieu créateur, ce Dieu-là, veut le salut de tous, il ne veut se séparer d'aucune de ses créatures créées à son image et à sa ressemblance et c'est pour cela que, quand les hommes ont rompu l'alliance avec lui, il ne les a pas abandonné à leur triste sort, il a envoyé son Fils mourir sur la croix « pour nous et pour notre salut » il a souffert la passion.

Ainsi ce n'est pas Dieu qui jette son enfant dans le feu éternel, c'est l'enfant qui librement dit « non » à l'amour de son Père, c'est l'enfant qui se détourne de Dieu son créateur et Père *(aversio a Deo)* pour s'attacher de façon désordonnée aux créatures, faisant d'elles la fin ultime (*conversio disordinata ad creaturam*). La liberté de l'homme est en jeu, voilà le terrain où se joue le drame.

Prenons une comparaison : voici un homme qui aime une fille éperdument et qui voudrait l'épouser, cette fille aimait aussi cet homme au début. Mais après un certain temps, la fille dit « non » à cet homme, parce qu'elle s'est tournée vers un autre homme. Le premier homme doit-il la forcer à l'aimer et à l'épouser ? La liberté est un corollaire de l'amour. On ne peut forcer personne à aimer une personne. Ce Dieu, Amour, veut avoir à faire à des personnes libres et ne désire aucun prosternement d'esclave.

Ainsi si une créature a dit « non » à l'amour de Dieu, Dieu ne peut la forcer à lui dire « oui ». Dieu s'arrête devant cette liberté.

On peut dire que sur la terre il y a deux catégories de personnes, celles qui durant toute leur vie s'adressent à Dieu dans une constante supplication disant : **« Que ta volonté soit faite sur la terre comme au ciel ».** Et voici une autre catégorie de personnes, des personnes ayant opté contre Dieu, refusant son amour jusqu'au bout, et quand ces êtres doués de liberté persistent dans leur refus de Dieu. Dieu ne peut que leur dire : **« Que votre volonté soit faite** ».

Quant à la question : comment un Dieu infiniment juste et bon peut-il infliger un châtiment privé de toute valeur médicinale ?

A propos de peines médicinales, vous pensez que Dieu ne peut vouloir la peine que pour corriger le coupable ? S'il en était ainsi, la peine devrait se terminer par la correction et la délivrance des damnés.

Voici une réponse de saint Thomas d'Aquin qui peut nous éclairer. Il dit : « les peines qui sont infligées par la société, à ceux qui ne sont pas exclus pour toujours, sont médicinales ou ordonnées à la correction des coupables. Mais la peine de mort ou la prison perpétuelle ne sont pas ordonnées à la correction de celui qui est ainsi puni ; ces peines sont quand même médicinales pour d'autres, que la crainte des châtiments détourne du crime, et elles donnent aussi la paix aux gens de bien. De même, la damnation éternelle des pécheurs impénitents est utile à la correction de ceux qui sont dans l'Eglise. » Saint Thomas d'Aquin : *Questiones Disputatae* Ainsi on peut affirmer, que l'Enfer a sauvé bien des âmes, c'est-à-dire que la crainte de l'Enfer a été pour ces âmes le commencement de la sagesse.

1) Question : *Admettons que l'Enfer existe, le Christ nous en a parlé. L'Enfer, une réalité épouvantable dont nous pourrions souffrir si par orgueil nous nous détournions de Dieu créateur, pour nous attacher de façon désordonnée aux créatures et que nous mourions avec un péché mortel sans avoir eu le temps ou voulu demander le pardon de Dieu. Le Christ bien sûr dans l'Evangile a prévenu les pécheurs qu'ils iraient en Enfer s'ils ne se convertissaient pas. C'est d'accord ! Mais rien ne prouve qu'il mette sa menace à exécution.* ***On peut donc admettre que l'Enfer existe, mais personne ne s'y trouve.***

2) Réponse : Partons de l'Evangile. Jésus annonce le jugement dernier et prévient ses disciples du châtiment qui attend ceux qui auront fait le mal et qui ne seront pas jugés dignes d'entrer dans le Royaume des cieux.

Le Christ serait-il donc un menteur, s'il nous prévenait d'un danger qui n'existe pas vraiment ? Parce que dire que l'Enfer dont Jésus parle n'existe pas, ou qu'il n'y a personne dedans c'est faire de lui un menteur. C'est pourquoi l'Eglise à la suite du Christ a toujours affirmé et enseigné l'existence de l'Enfer et son éternité. Dans l'histoire de l'Eglise nous avons vu comment Dieu a donné à certaines personnes d'avoir des visions ou quelques révélations sur l'Enfer et ces personnes ont laissé leurs témoignages. Peut-on écarter d'un revers de main, et avec un certain mépris, ces messages, visions et révélations ? Il est vrai que l'Eglise ne contraint personne à croire aux révélations privées.

Nous ajoutons ici qu'il faut éviter deux erreurs, la première fut envisagée par Origène et soutenue par un certain nombre de ses disciples. C'est l'hypothèse de l'**apocatastase.** Selon cette hypothèse, Dieu qui est miséricordieux et très bon rétablirait à la fin dans son amitié toutes les créatures douées de raison, les anges déchus ou démons et les damnés.

Il convient de signaler ici l'interprétation que les Témoins de Jéhovah donnent de la **« mort éternelle »** des damnés qui signifierait que Dieu anéantirait purement et simplement tous les damnés – ils n'existeraient plus- ils retournent au néant.

C'est une grave erreur. Dieu ne peut pas anéantir l'âme d'un homme ou l'être d'un ange.

Une seconde erreur à écarter est la suivante : Des personnes qui penseraient que la damnation serait comme une vengeance de Dieu. Dieu aurait envoyé ces hommes en Enfer pour se venger des blasphèmes qu'ils auraient proférés et des péchés commis durant leur vie sur terre.

Il faut plutôt affirmer que ce sont les damnés qui se condamnent eux-mêmes.

Dieu nous jugera, il est le juge suprême, mais il le fera en laissant notre conscience nous juger nous-mêmes. « C'est d'après ta conscience que tu seras jugé ». C'est l'homme qui par orgueil ne veut pas être avec Dieu, ne veut pas entrer au Paradis, en refusant de se jeter dans les bras que le Seigneur lui tend.

1) **Question** : ***Mais alors comment ne pas être traumatisés en sachant que nous pourrions rater éternellement notre vraie vie, notre vie éternelle ?***

2) Réponse : Sainte Faustine dans son témoignage sur l'Enfer dit ceci : « Aujourd'hui j'ai été dans les gouffres de l'enfer, introduite par un ange. C'est un lieu de grands supplices, et son étendue est terriblement grande. Genre de supplices que j'ai vus : le premier supplice qui fait l'Enfer c'est la perte de Dieu ; le deuxième – les ***perpétuels remords*** – le troisième ***le sort des damnés ne changera jamais***. » Petit Journal n° 741).

On peut avoir peur. Il faut savoir que beaucoup de saints et de saintes avant nous, saint Jérôme, sainte Thérèse d'Avila, saint Alphonse Marie de Ligori, ont eu peur d'aller en Enfer et souvent cette peur a été pour eux une grâce, un appel à la conversion et à une vie centrée résolument sur Dieu et sur l'accomplissement de sa volonté. « *Ob Gehennae metum* » - *« à cause de la peur de la géhenne* »-(Jérôme).

Celui qui ne croit pas que sa vie est en danger, n'a pas besoin de prendre certaines précautions. Il n'a pas besoin d'avoir confiance en Dieu puisqu'il met davantage sa confiance en lui-même. La prière d'une telle personne ressemblerait à celle du pharisien qui va au temple pour prier.

« Seigneur, ma vie telle quelle se déroule n'est peut-être pas extraordinaire, mais je suis vraiment de bonne volonté, je suis chrétien catholique pratiquant, je n'ai pas commis de graves fautes, je me suis bien comporté généralement dans l'Eglise. Tu connais Seigneur tout ce que j'ai accompli de bien dans ma vie. Le passé est garant de l'avenir, je pense que le moment venu (à ma mort au jugement particulier), j'opterai sans problème pour Dieu. L'arbre ne tombe-t-il pas du côté où il est penché ? Donc Seigneur aie confiance en moi. Je ne serai pas cause de déception pour Toi. »

Attention à une telle attitude, elle peut conduire là où l'on ne pensait pas s'y rendre.

La personne au contraire qui se sait en danger et qui pense qu'il peut rater éternellement sa vie, qu'il peut aller en Enfer à cause de son orgueil, cette personne-là a peur d'aller en Enfer et donc elle met toute sa confiance en Dieu et sa prière résonnerait comme celle du publicain à la porte du temple.

« Seigneur me voici, je suis un pécheur, je t'ai offensé plusieurs fois, je ne mets pas ma confiance dans les bonnes œuvres que j'ai pu accomplir jusqu'à maintenant car je sais que souvent mes bonnes œuvres mêmes ont pu être gâtées par mon orgueil. Seigneur prend pitié de moi. Pour aller au ciel, je n'ai confiance qu'en Toi, aie pitié de moi pécheur ». Cette attitude est celle qui plait au Seigneur.

1) Question : *Personne ne va en Enfer sans le savoir, c'est un libre choix de la personne. Pensez-vous que Judas soit en Enfer ? et comment Dieu peut-il créer des hommes qu'il prévoit devenir des damnés ?*

2) **Réponse** : Personne ne va en Enfer sans le savoir ou par erreur parce qu'il aurait pris un sens interdit sans le savoir.

Ce qui est châtié éternellement c'est l'impénitence finale. C'est le péché non rétracté, le péché maintenu, accepté, voulu et donc sans repentir, sans désir de demander le pardon et sans demande de pardon. C'est ce péché-là qui mérite un châtiment éternel.

C'est librement qu'une personne choisit de se détourner de Dieu, pour se tourner vers les créatures et faire d'elles sa fin ultime. L'homme est créé pour louer, révérer et servir Dieu et par là sauver son âme. *(Principe et Fondement Saint Ignace)*.Telle est la fin de l'homme, tel est le but de sa vie, le but pour lequel il est créé. Toutes les choses sur la surface de la terre sont créées pour l'homme pour l'aider à atteindre le but pour lequel il est créé. Il doit s'en servir, dans la mesure où ces choses l'aident à atteindre le but pour lequel il est créé, et s'en écarter dans la mesure où elles lui sont un obstacle. Mais l'homme peut choisir de s'attacher aux créatures, de choisir ces créatures et les mettre à la place de Dieu. *'conversio inordinata ad creaturam.'*

A la question est-ce que Judas serait en Enfer, ma réponse est la suivante : L'Eglise ne croit pas que sa mission soit de déclarer les noms de ceux qui seraient en Enfer. Quels fruits seraient attendus de telles déclarations ?

L'Eglise est plutôt heureuse de déclarer les noms de ses enfants qui sont admis dans la béatitude éternelle et d'inviter ceux de ses enfants qui sont encore en chemin à demander leur secours dans la prière, car nous croyons à la communion des saints.

Par contre ceux qui seraient en Enfer, quelle relation peut-on avoir avec eux ? Aucune. Connaitre leurs noms ne nous est d'aucun secours. Ici, seul le silence est grand, le reste est faiblesse. Il serait bon de rappeler ici le témoignage du Père

Maniyangat de Kerala (voir chapitre VIII) du présent livre. Il a vu dans l'Enfer, des personnes qu'il connaissait, mais dit-il, il n'a pas le droit de révéler leur identité. L'Eglise en général se garde d'affirmer la damnation de personne avec une certitude absolue.

A la question comment Dieu peut-il créer des hommes qu'il prévoit devenir des damnés ?

Les philosophes disent que le néant est au-dessous de l'être, même déficient. Dans le sens ontologique, **l'être** vaut toujours mieux que **le non-être**, ainsi les démons et les damnés doivent remercier Dieu de les avoir créés. Quant aux théologiens, ils affirment que Dieu a tout créé pour sa propre gloire, tous les être créés glorifient Dieu dans sa majesté, sa bonté, sa miséricorde, sa justice. L'Enfer, Lucifer, les démons et les damnés glorifient Dieu dans sa majesté et sa justice. L'homme a été créé pour Dieu et il doit glorifier Dieu. Dieu connait l'avenir, pour Dieu tout est présent. Prévoyant que l'homme peut se détourner de sa fin par le péché et ainsi mériter la damnation que doit-il faire ?

a) Anéantir l'homme, après l'avoir créé, c'est comme si la Sagesse avouait avoir créé l'homme inutilement en prévoyant sa chute irrémédiable. Ou bien si Dieu s'abstenait de créer cette âme parce qu'il prévoyait qu'elle se damnerait, Dieu aurait donc céder devant la volonté perverse de sa créature.
b) Faire mourir l'homme avant qu'il ne puisse commettre des péchés. Dieu permet cela par exception, dans certains cas. C'est alors une grâce que Dieu n'accorde qu'à quelques-uns surtout à des enfants. Mais pour tous les autres hommes, ils doivent subir l'épreuve de la vie et remplir leur mission sur terre, afin de mériter le ciel et sauver d'autres hommes.
c) Punir le pécheur dans la vie présente puis dans l'éternité. C'est ce que la Sagesse divine a choisi. Il faut dire que dans la vie de chacun de nous, la divine providence multiplie les épreuves comme les grâces pour nous faire éviter les peines de l'Enfer. Le temps de l'épreuve terminé, il jugera chacun selon ses œuvres et les pécheurs obstinés qui refuseront de demander pardon à Dieu, seront condamnés à l'Enfer.

Conclusion

Faut-il vraiment croire que l'Enfer existe. Nous disons oui, l'Enfer existe, et il est éternel : démons et damnés y demeureront pour toute l'éternité. Pour un certain nombre de personnes, il est plus difficile d'adhérer à la doctrine de l'Enfer qu'à celle du Ciel. Et on en vient même à ne plus croire à l'existence de l'Enfer. Nous sommes invités à poser un acte de foi. La foi étant l'hommage de notre esprit à la véracité divine. Dieu a parlé surtout par les lèvres de Jésus et par l'enseignement inspiré des apôtres.

Avec Dom Marmion nous disons ceci :« Lorsque l'homme accepte la Révélation divine avec ses splendeurs et ses obscurités, il prosterne tout son être devant Dieu ; il se livre à la souveraine et infaillible Vérité, et, par là il rend gloire au Seigneur…. L'essence de la foi réside dans cette soumission de l'intelligence, qui adhère à la Vérité première révélant le mystère divin et les voies de salut. La foi est une communion de notre esprit, non aux vues d'un homme, si docte soit-il, mais à la pensée de Dieu lui-même. Par la foi, nous faisons nôtre cette pensée divine ; nous participons à la connaissance que Dieu possède de Lui-même et des desseins de son éternelle prédestination. » *Le Christ idéal du prêtre, p.69-70.*

Chapitre I - Chapitre préliminaire

« Il faut parler de l'enfer ».

« Il faut descendre en Enfer de son vivant, pour ne point y aller après sa mort » Saint Bernard.

"Les hommes de ce temps ne croient plus à l'existence de l'Enfer. Ils se sont arrangé un Au-delà à leur goût, fort peu terrorisant pour leur conscience, qui mérite de multiples châtiments. Disciples plus ou moins fidèles de l'Esprit du Mal, ils savent que leur conscience stopperait certains de leurs méfaits, s'ils croyaient réellement à l'Enfer, tel que la foi l'enseigne. J'ai dit que le Purgatoire est un feu d'amour, l'Enfer est un feu de rigueur. L'Enfer est remords, il est rage, il est damnation, il est haine, haine envers Satan, haine envers les hommes, haine envers soi-même. Le mot "haine" tapisse ce royaume sans mesure, il rugit dans ces flammes, il hurle dans le ricanement des démons, il sanglote et aboie dans les lamentations des damnés, il résonne, résonne, résonne, comme une cloche au marteau éternel, il résonne comme un éternel tambour de mort, il remplit les retraites de cette prison, il est par lui-même tourment, parce qu'il renouvelle à chacun de ses échos le souvenir de l'amour perdu pour toujours, le remords de l'avoir perdu délibérément, la rage de ne pouvoir plus jamais le retrouver"
Une chose que nous pourrions retenir : "L'Enfer est remords, il est rage, il est damnation, il est haine, haine envers Satan, haine envers les hommes, haine envers soi-même". **L'enfer** (enseignement dicté par Jésus le 15 janvier 1944) à Maria Valtorta)

Dans les Exercices spirituels de saint Ignace, il y a dans la première semaine une méditation de l'enfer. (Ex. Spir. n°65-71). Cette méditation est le cinquième exercice de la journée de la première semaine. La grâce qui est demandée est la suivante : « demander à saisir intérieurement quelles peines subissent les damnés, afin que, si jamais j'étais pris par l'oubli de l'amour de Dieu, du moins la crainte du supplice me tienne à l'écart du péché ».*(voir la méditation sur l'Enfer en annexe)*

Nous savons que certains directeurs de retraite ont de la peine à proposer cette méditation et préfèrent souvent donner un texte biblique.
Pour ma part, j'ai toujours présenté ce cinquième exercice. J'estime qu'il n'est pas dépassé et surtout dans un monde qui a tendance à contester cette aspect de la foi.

De nos jours on évite de parler de l'Enfer, certains prédicateurs, catéchistes et confesseurs pour ne pas effrayer les chrétiens s'abstiennent d'aborder ce sujet. Ils prétendent souvent gagner les âmes uniquement par l'amour de Dieu et non par la crainte. C'est vraiment contre cette tendance que le Pape Pie XII en 1949 dans une allocution aux Curés et prédicateurs de Carême à Rome écrivait ceci : « *La prédication des premières vérités de la foi et des fins dernières non seulement n'a rien perdu en nos jours de son opportunité, mais elle est devenue plus que jamais nécessaire et urgente, même la prédication de l'Enfer. Sans doute, il faut traiter ce sujet avec dignité et sagesse. Mais quant à la substance de cette vérité, l'Eglise a , devant Dieu et devant les hommes, le devoir sacré de l'annoncer, de l'enseigner, sans aucune atténuation, telle que le Christ l'a révélé, et il n'y a aucune circonstance de temps qui puisse diminuer la rigueur de cette obligation.* »

Certains chrétiens aujourd'hui vont jusqu'à nier l'existence de l'Enfer en affirmant que l'Enfer n'existe pas puisque Dieu est Amour.
Un Dieu Amour, un Dieu Père très bon ne peut pendre son enfant et le jeter dans le feu éternel, ce n'est pas possible…. Donc l'Enfer n'existe pas !

Evidemment ces chrétiens se trompent en pensant que c'est Dieu qui jette son enfant dans le feu éternel, alors que c'est l'enfant qui usant de sa liberté choisit de ne pas être avec son Père. Dieu ne veut personne en Enfer, il ne jette personne dans le feu éternel.

Quel but poursuit la présente publication ?

> *« Il est certain qu'il vaut mieux aller à Jésus par l'amour, mais la crainte peut conduire à l'amour, même la crainte de l'Enfer »*

Il s'agit avant tout d'une invitation à une méditation sur l'Enfer. Mais dans quel esprit et dans quelle disposition entreprenons-nous cette méditation ?

Quand des chrétiens commencent à nier une vérité de la foi chrétienne. L'Eglise qui a le devoir de proclamer cette vérité ne peut rester silencieuse. « La prédication des premières vérités de la foi et des fins dernières non seulement n'a rien perdu en nos jours de son opportunité, mais elle est devenue plus que jamais nécessaire et urgente, même la prédication de l'Enfer. Sans doute il faut traiter ce sujet avec dignité et sagesse. Mais quant à la substance de cette vérité, l'Eglise a devant Dieu et devant les hommes, le devoir sacré de l'annoncer, de l'enseigner, sans aucune atténuation, telle que le Christ l'a révélé, et il n'y a aucune circonstance de temps qui puisse diminuer la rigueur de cette obligation » *Monition du Pape Pie XII aux curés et prédicateurs de Carême de Rome 23 mars 1949.*

Voulant donc traiter ce sujet ***avec dignité et sagesse***, dans l'époque qui est la nôtre, nous avons voulu jeter un regard sur la manière dont les siècles passés ont traité du sujet pour recueillir lumière et sagesse.

Si la pensée du Ciel est réjouissante, celle de l'Enfer, au contraire est terrifiante et l'on ne voudrait pas s'y arrêter, pourtant nous pensons que la pensée de l'Enfer peut être éminemment salutaire. Comment ?

On rapporte que Jacinta, une des voyantes de Fatima, une qui a vu l'Enfer montré par Notre Dame de Fatima disait un jour à Lucie sa cousine, la plus grande des voyantes de Fatima.
« Lucie, tu devrais dire à Notre Dame de montrer l'Enfer à tous ces gens-là. Tu verrais comme ils se convertiraient !»...
« Lucie dit Jacinta : « ne craint pas toi tu iras au Ciel. »
« Jacinta : Oui, mais je voudrais que tout le monde y vienne avec moi. Moi je vais y aller bientôt. Mais toi qui reste ici-bas, tu diras à tout le monde, si la Sainte Vierge te le permet, ce que c'est que l'Enfer, afin qu'ils ne commettent plus de péchés et qu'ils n'y aillent pas ».
Les propos de Jacinta donnent exactement le but de cette publication sur l'Enfer.

Beaucoup de personnes, beaucoup de prêtres ne veulent pas souvent parler de l'Enfer, pour ne pas effrayer les chrétiens. Certains disent qu'il faut gagner les âmes uniquement par l'amour et non par la crainte de Dieu.
Il est vrai que le désir du Ciel est un motif en soi plus parfait que la crainte des peines de l'Enfer, mais on ne peut pas conclure que ce soit le motif le plus efficace pour tous les hommes pour les retenir éloignés du péché et pour les convertir à Dieu.

« Il est certain qu'il vaut mieux aller à Dieu par l'amour que par la crainte : le mystère de l'incarnation nous y invite constamment. Mais la crainte est nécessaire aujourd'hui comme autrefois, pour nous détourner du mal ; car la nature reste la même qu'au temps de la prédication des Pères. » *Garrigou-Lagrange. L'Eternelle vie.*

Nous pouvons ajouter que les exemples d'un certain nombre de saints dans l'Eglise nous ont montré comment la crainte de l'Enfer, la méditation de l'Enfer a été un moment de grâce pour eux, pour leur conversion. Saint Jérôme, Sainte Thérèse d'Avila...

Saint Benoît dans la Règle au chap. IV écrit ceci : « Craindre le jour du Jugement. Redouter l'Enfer. Désirer la Vie éternelle de toute l'ardeur de son âme. Avoir chaque jour devant les yeux la menace de la mort... »

Dom Delatte, un fils de saint Benoît en commentant cette Règle de saint Benoît affirme que : « Nous n'avons pas le droit de nous soustraire à l'épouvante de l'Enfer, comme si l'Enfer ne nous regardait pas. Il n'y a pas deux christianismes.... Depuis qu'une créature a pu tomber des marches du Trône divin au plus profond de l'abîme, il n'est pour nous de sécurité que dans un souci perpétuel de nos destinées. » *dom Delatte : commentaire de la Règle de saint Benoît.*

I l faut dire qu'un grand nombre de saints ont trouvé dans la crainte de l'Enfer soit une grâce de conversion, soit un stimulant vers une plus haute perfection. Nous citerons trois exemples.

Saint Jérôme au V° siècle. (***Ob gehennae metum).***

Dans la vie de Saint Jérôme il est rapporté une vision où Jérôme, est cité devant le tribunal du Souverain Juge.

Le Juge le fit battre de verges parce que Jérôme s'était complu dans des lectures profanes. Il fut ensuite gracié après qu'il eut promis de renoncer aux mondanités. Il se retira ensuite dans une grotte solitaire pour vivre de dures pénitences. C'est Jérôme lui-même qui affirme qu'il s'est adonné à cette vie de dures pénitence – *ob gehennae metum-* ***par crainte de l'Enfer.***

Sainte Thérèse d'Avila au XV° siècle, se convertit définitivement grâce à une vision de l'Enfer. (*voir ce récit à la page...*). Elle rapporte qu'un jour pendant son oraison, elle se trouva transportée en Enfer et avoue que le Seigneur lui fit voir la place que les démons lui avaient préparée en Enfer, si elle continuait ses infidélités.

A la suite de cette vision, elle conçut un tel effroi qu'un combat terrible s'ensuivit. Au terme de ce combat elle opta pour la vie religieuse comme étant pour elle la planche de salut. – Elle affirme elle-même que : « Ce combat dura trois mois. C'était moins l'amour ce me semble, que la crainte servile qui me poussait à choisir cet état de vie. »*Saint Thérèse d'Avila – sa vie. Chap.3)*

Plus près de nous **Thomas Merton** dans son livre : « Seven Story Mountain » ou « La nuit privée d'étoiles », raconte comment un sermon sur l'Enfer a eu le don de le toucher au plus profond de lui-même, alors qu'il était étudiant.
« Le sermon sur l'Enfer me fit beaucoup de bien. Je trouve extraordinaire qu'on puisse être bouleversé par un tel sujet. Pourquoi être ébranlé par la pensée de l'Enfer ? Personne n'est obligé d'y aller. Ceux qui y vont le choisissent et s'y précipitent par défi et résistance à toute l'œuvre de la Providence et de la grâce. C'est leur propre volonté qui les conduit là et non la volonté de Dieu. En les damnant Dieu ne fait que ratifier leur propre décision. Notre faiblesse ne sera jamais cause de notre damnation ; elle n'a pas à nous effrayer : c'est la source de notre force.

Notre faiblesse ne sera jamais cause de notre damnation... Notre impuissance n'est qu'un titre de plus à la miséricorde divine, qui appelle à soi les pauvres et les petits, ceux qui sont lourdement chargés.

En écoutant le sermon sur l'Enfer, j'éprouvai... non la confusion fiévreuse et émotive qui vient de la passion et de l'égoïsme, mais un sentiment de paisible affliction et de peine, à la pensée des terribles et effrayantes souffrances que je méritais... L'importance même de ces peines me faisait comprendre tout spécialement l'immense mal qu'est le péché. Le résultat final fut que mon âme s'en trouva approfondie et consciente ; d'une spiritualité accrue, avec plus de foi, d'amour et de confiance en Dieu, qui seul pouvait me sauver de ces horreurs. Je n'en désirais qu'avec plus d'ardeur le Baptême. » « La Nuit privé d'étoiles, » Editions Albin Michel, 1951, pages 184-185.

Avant de laisser le lecteur aborder les visions de l'Enfer de Sainte Françoise romaine, je voudrais en quelques lignes dire ce qu'est l'Enfer A ? Quels sont les habitants de l'Enfer B ? Sont-ils plus nombreux que les Elus qui sont au Ciel ?

A) Définition de l'Enfer :

L'enseignement de l'Église affirme l'existence de l'enfer et son éternité. L'Enfer serait donc l'état de ceux qui sont morts en état de péché mortel et qui sont privés de la vue de Dieu pour toujours, et souffrent des tourments épouvantables et éternels.

L'Eglise catholique enseigne que : « Les âmes de ceux qui meurent en état de péché mortel descendent immédiatement après la mort dans les enfers où elles souffrent les peines de l'enfer, « le feu éternel ». La peine principale de l'enfer consiste en la séparation éternelle d'avec Dieu en qui seul l'homme peut avoir la vie et le bonheur pour lesquels il a été créé et auquel il aspire. » CEC 1035

L'Enfer peut-il désigné comme un lieu dont on pourrait dire où il se situe ?

L'Eglise a toujours parlé du Ciel, du Purgatoire, de l'Enfer comme d'un état et jamais directement comme d'un lieu où les âmes seraient reçues. Maria Simma dans son livre : « *Les âmes du Purgatoire m'ont dit….* » fait savoir que les âmes qui avec la permission de Dieu viennent à elle pour demander de prier pour elles, « ne viennent pas du Purgatoire, mais viennent avec le Purgatoire ». Pour ce qui concerne les lieux de l'Au-delà, je pense que c'est seulement par analogie que nous pouvons en parler. Il est plus sage de s'abstenir de toute localisation précise échappant à nos catégories terrestres.

Pour ce qui concerne les peines de l'Enfer.

Souvent on parle de la **peine du Dam.** De quoi s'agit-il ?

1 « La peine du Dam, perte de Dieu, est la peine la plus terrible pour le damné :

c'est une vérité de foi proclamée par le Concile de Florence en 1439 »

Le mot Dam, qui a formé *damné*, **vient de latin** *damnum*, **ce mot signifie « dommage, perte » et par suite, « peine, souffrance ».**

La peine du Dam est considérée comme la peine principale et essentielle de l'Enfer. La peine du Dam correspond à la faute, en tant que par la faute le pécheur s'est détourné de Dieu. *(aversio a Deo).* Puisque le damné s'est détourné de Dieu, sa peine sa punition sera la privation éternelle de Dieu. La perte de Dieu.

La peine du dam, la privation de Dieu, la perte de Dieu, serait la peine la plus terrible pour le damné. Une souffrance que produit la privation éternelle de Dieu. La privation de la possession de Dieu. Il faut ajouter tout de suite que cette peine du dam est difficile à concevoir sur la terre, parce que l'âme n'a pas encore pris conscience de sa profondeur sans mesure, profondeur que Dieu seul peut combler et irrésistiblement attirer. Les biens sensibles peuvent captiver l'âme et les satisfactions de la convoitise de la chair et de l'orgueil peuvent empêcher l'âme de bien comprendre que Dieu est sa fin dernière que Dieu seul est le souverain Bien. Mais quand l'âme est séparée du corps, alors elle perd tous les biens inférieurs qui l'empêchaient de prendre véritablement conscience de sa destinée. Dieu est le but de l'homme, c'est vers lui que l'homme tend de toutes les fibres de son être.

« Mais, comme le dit l'Abbé Paul, la décision irrévocable du damné, l'en tient éloigné à jamais. Or dans l'au-delà, ou bien il faut posséder Dieu lui-même et avec lui posséder tout le reste, ou bien il faut perdre Dieu tout entier et avec lui perdre tout le reste. Etre séparé du Bien unique, être privé de ce qui est Tout, et de ce que rien ne remplace, garder en soi un désir inextinguible de vie, d'amour, de bonheur et ne trouver que le vide, la torture d'une faim, d'une soif éternelles voilà le sort du réprouvé. Le damné souffre d'une espèce de déchirement de l'âme elle-même tirée en divers sens à la fois, par des forces opposées également puissantes. De ce déchirement intérieur de l'âme entière nait une douleur d'une intensité extrême. » Abbé Paul, *Les merveilles de l'amour miséricordieux* » Editions saint Michel, saint Céneré 1970, p. 378.

Avec la peine du dam, il y a la peine du sens.

2) La peine du Sens correspond à la faute en tant que par la faute, le pécheur s'étant détourné de Dieu, s'est tourné vers la créature *–conversio disordinata ad creaturam-* pour mettre en elle sa fin dernière. **La peine du Sens est l'effet d'une action afflictive de Dieu.**

Il est juste d'affirmer que le pécheur s'est détourné de Dieu parce qu'il s'est attaché de façon désordonnée à un bien périssable et fini, et il a préféré ce bien à Dieu.

Quand une personne s'attache à un bien périssable et fini et choisissant ce bien comme fin dernière, c'est la personne elle-même qui se choisit, elle se substitue à Dieu. L'amour propre se substitue à l'amour de Dieu. C'est un amour de soi jusqu'au mépris de Dieu. Ici le « moi » est érigé en fin dernière de l'existence, c'est-à-dire le « moi » que l'on cherche à satisfaire à tout prix, même au mépris de Dieu, de sa loi, de ses commandements alors que l'homme était créé « pour louer, révérer et servir Dieu »

On peut dire qu'il y a une aversion par rapport à Dieu et une conversion vers la créature, une orientation vers la créature, vers le *moi.* Ici le *« moi »* est érigé en fin dernière.

La peine du Sens est ainsi appelée parce que la principale souffrance de cette nature vient d'objets matériels sensibles, extérieurs à l'esprit réprouvé par opposition à ses douleurs intérieures.

Après la résurrection, après le jugement dernier, cette peine du Sens s'étendra de l'âme au corps du damné, parce que le corps est une partie essentielle de l'homme qui pêche par son âme. La personne humaine (corps et âme) étant impliquée dans le péché, cette personne (corps et âme) doit donc être sujette au châtiment.

La peine du sens serait donc le châtiment par un feu mystérieux, mais réel, un feu éternel. (1)

On peut donc dire que la peine du Dam qui est peine de l'âme principalement consiste essentiellement dans la privation de la Vision béatifique et de tous les biens qui en dérivent : amour, joie, bonheur, participation à la vie divine.

Note 1 : A sainte Catherine de Sienne, le Seigneur révélait ce qui suit : *« Le quatrième supplice de l'enfer est le feu. Ce feu brûle et ne consume pas, parce que l'âme, qui est incorporelle, ne peut être consumée par le feu comme la matière ; ma justice veut que ce feu la brûle et la torture sans la détruire, et ce supplice est en rapport avec la diversité et la gravité de ses fautes. »* **Révélations du Seigneur à sainte Catherine de Sienne.**

« Le pécheur ne s'est détourné de Dieu, sa fin surnaturelle, que parce qu'il s'est attaché à un bien périssable et fini qu'il a préféré à Dieu. En réalité en s'attachant à ce bien périssable, c'est lui-même que le pécheur choisissait comme fin dernière et l'amour propre se substituait criminellement à l'amour de Dieu. Par là même, le péché mortel revêt un double aspect : il est aversion par rapport à Dieu : il est conversion vers la créature, vers le moi. » *Abbé Michel, les mystères de l'Au-delà. Ed.Tequi, 1953, p..50*

Pour conclure cette section nous résumons nos propos en ces termes. Le péché mortel chez le damné appelle une double peine.

a) ***Peine du Dam :*** parce que le pécheur s'est obstinément détourné de Dieu (aversio a Deo), il demeurera séparé de Dieu pendant toute l'éternité. Le réprouvé a la certitude qu'il a perdu Dieu, qu'il ne peut plus s'unir à celui qui l'a créé, il est à jamais privé de la possession du souverain bien et de la vue de l'infinie beauté. Les damnés ayant perdu Dieu ont perdu par le fait, toute espérance, toute dignité, toute consolation.

b) ***Peine du Sens*** : parce que le pécheur obstiné a préféré à Dieu, un bien créé dont il a fait sa fin dernière (conversio inordinata ad creaturam), les créatures seront pour lui, éternellement, la source de toute sortes d'afflictions. – Il faut ajouter que peine du Sens ne signifie pas nécessairement peine éprouvée par l'organe des sens ; les démons et les âmes séparées n'ont pas de facultés sensibles, et cependant la peine du Sens existe pour eux.

A propos du feu de l'Enfer. Les Saintes Ecritures désignent constamment la peine du feu, ce feu est-il de même nature et de même substance que le feu que nous connaissons ? Est-il un feu immatériel ? Saint Thomas d'Aquin n'hésite pas à dire que le feu de l'Enfer a le même principe que le feu terrestre, mais il se distingue du nôtre par ses propriétés et sa destination. Le feu de la terre brûle et consume, le feu de l'Enfer brûle sans détruire ni consumer.

Je pense que l'on donne le nom de feu, non pas parce qu'il s'identifie avec notre feu terrestre, mais parce qu'il comporte une certaine analogie avec lui.

La réalité du feu de l'Enfer est une vérité enseignée dans l'Eglise, cette vérité est fondée sur l'Ecriture. Dans les Evangiles Jésus Christ Notre Seigneur parle quinze fois de l'Enfer et onze fois il mentionne le feu de l'Enfer qui ne s'éteindra pas.

En conclusion on peut dire que le feu de l'Enfer est un feu réel, mais pas nécessairement matériel et qu'il n'est pas le même que celui de la terre, mais qu'il lui est analogue, avec des propriétés mystérieuses que nous ne connaissons pas en cette vie.

La peine du Dam en produit une seconde, qui *est le ver de la conscience qui la ronge sans cesse.* Le damné voit que, par sa faute, il s'est privé de la vue de Dieu et de la société des anges, et qu'il s'est rendu digne de la société et de la vue du démon.

Le ver rongeur dont parle l'Evangile serait à comprendre comme un ver symbolique, exprimant le remords de la conscience qui appartient à la fois à la peine du Dam *(regret d'avoir perdu Dieu par sa faute)* et à la peine du Sens *(dégoût du plaisir passager qui mérita l'Enfer).*

Dans les visions de l'Enfer, on parle d'instruments de torture autre que le feu. Que faut-il en penser ?

La révélation évangélique ne mentionne pas d'instruments matériels : couteaux, pointes fourches, massues etc....Tout cela parait donc symbolique quoique les damnés devront souffrir dans tous les sens de leur corps.

B) Qui sont les habitants de l'Enfer ?

L'évangile de Mathieu au chapitre 25 rapporte la sentence du Jugement dernier : « Allez, maudits, au feu éternel, qui a été préparé pour le diable et pour ses anges. » Mt 25,4. L'Enfer fut donc créé par Dieu à la chute de Lucifer et des mauvais anges. Lucifer et les mauvais anges y subissent éternellement la peine de leur unique péché d'orgueil et de révolte contre Dieu. Ce sont eux les premiers habitants de l'Enfer.

Ensuite, depuis la chute d'Adam et Eve, depuis le péché originel, l'Eglise affirme que vont aussi en Enfer ceux qui meurent en état de péché mortel. Ces hommes sont engloutis en Enfer après leur jugement particulier qui suit immédiatement leur mort.

Actuellement, il y donc comme habitants de l'Enfer que des esprits, c'est-à-dire, les démons et les âmes des damnés.

Après le Jugement dernier, le Jugement général à la fin du monde, les corps des damnés vont rejoindre leurs âmes pour y souffrir éternellement.

Il faut dire qu'un seul péché mortel peut suffire pour mériter l'Enfer.

Les habitants de l'Enfer sont ceux qui se sont maudits eux-mêmes. Ils ont choisi de leur plein gré la cité où règne la haine, l'égoïsme la révolte. Ils ont méprisé et dédaigné l'Amour qui s'est offert longtemps, sans réserve, avec insistance et même avec excès, l'Amour qui s'est abaissé, s'est fait tout petit...

L'Eglise en général se garde d'affirmer la damnation de personne avec une certitude absolue.

Je voudrais avant de conduire le lecteur aux visions de sainte François romaine citer un extrait de l'Imitation de Jésus Christ. « En Enfer, l'homme sera puni par où il aura péché. »

« Les paresseux seront harcelés par des aiguillons ardents.

« Les gourmands seront tourmentés par une faim et une soif dévorante.

« Les voluptueux et les impudiques seront plongés dans la poix bouillante et le soufre fétide.

« Les envieux, comme des chiens furieux, hurleront de douleur.

« Les superbes (orgueilleux) seront remplis de confusion.

« Les avares seront réduits à la plus affreuse indigence.

« Chaque vice aura son propre supplice.

« Là une heure de tourment sera plus terrible, que sur la terre un siècle de la plus amère pénitence.

« Là nul repos, nulle consolation pour le damné.....

« Soyez donc maintenant dans la douleur à cause de vos péchés, afin de partager, au jour du Jugement, la sécurité des Bienheureux. » *Imitation de Jésus Christ,* livre 1° Chap.34.

A la lecture des Visions de l'Enfer de sainte Françoise romaine, vous aurez une idée plus précise de ceux qui peuvent être les habitants de l'Enfer.

C) Le nombre des damnés est-il supérieur au nombre des élus ?

Des personnes ont voulu savoir si le nombre des damnés était supérieur à celui des Elus. Nous répondons que cela demeure un mystère.

Pour ce qui est de la race humaine, les descendants d'Adam et Eve destinés au Ciel ou à l'Enfer, il y a deux opinions.

a) Une opinion rigide soutient qu'il y aura un petit nombre d'élus.

b) Une opinion large soutient qu'il y aura un grand nombre d'élus.

Ainsi la question reste ouverte, parce que ni l'Ecriture, ni la Tradition ne sont suffisamment explicites et que l'Eglise ne s'est point prononcée.

Pour ma part je serais de l'opinion large à la suite du Vénéré Frère Joseph de Saint Benoît, religieux de l'Abbaye de Montserrat 1723, qui fut favorisé de révélations touchant la question de nombre des Elus.

Ce Frère écrivit que le : « nombre des hommes sauvés est très grand, incalculable ; il dépasse celui des réprouvés, grâce à la puissance, à la sagesse et à la bienveillance infinie du Christ, qui, sans doute, n'a pas en vain souffert et répandu son Sang, n'est pas en vain ressuscité, et n'a pas vainement brisé l'insolente domination de Satan sur l'espèce humaine ». *Cf. Dictionnaire de Théologie, col.2354*

Pour ce qui est des habitants de l'Enfer, les visions de Sainte Françoise romaines que vous allez lire maintenant vous en instruiront d'avantage.

Il convient maintenant de vous dire qui est Sainte Françoise romaine.

Biographie de Sainte Françoise Romaine

Françoise Bussa de Leoni ou sainte Françoise Romaine (°1384 - †1440), fondatrice des *Oblates de Saint Benoît.*

Fille de Paolo Bussa de Leoni et de Giacobella de Roffredeschi, de nobles romains, Françoise est née à Rome en 1384. Pendant son enfance, elle commença à étudier la vie des saintes, et à fréquenter les églises. La petite fille souhaitait depuis toujours se retirer dans un cloître, mais à 12 ans, elle dut, sur l'ordre de son père, épouser Lorenzo Ponziani. Une fois mariée, tout en assumant ses charges domestiques et familiales, elle continua une vie de piété et de pénitence, se confessant toutes les semaines, mettant en pratique les vérités de la foi enseignées par un prieur dominicain qu'elle rencontrait régulièrement. Son premier enfant, Jean-Baptiste naquit en 1400. Elle avait vingt ans lorsque naquit son deuxième fils, Jean-Evangelista. Il fut frappé de la peste, lorsque celle-ci dévasta la ville de Rome, ce fils mourut. Trois ans plus tard lui naissait une fille, Agnès.

Lors d'une épidémie de peste, Françoise et Vanozza manifestèrent un grand dévouement aux malades et aux victimes de la famine qui s'ensuivit. Françoise vendit ses robes, ses bijoux, distribua l'argent aux pauvres. Parallèlement, elle incitait les dames de la haute noblesse romaine à renoncer à leur vie mondaine pour se rapprocher de Dieu. C'est ainsi qu'elle fonda, **le 15 août 1425, l'association des Oblates de Marie,** rattachée aux bénédictins du mont Olivet, dont Eugène IV confirmera la règle en 1444.

Lors de l'invasion de Rome par Ladislas d'Anjou-Durazzo, la famille Ponziani dut s'enfuir. Leur maison fut pillée, leurs biens confisqués, et Lorenzo fut contraint à l'exil. Françoise, restée à Rome, continua ses œuvres de charité, en disant, paraphrasant Job : « Le Seigneur me les a donnés, le Seigneur me les a ôtés ; que Son saint Nom soit béni ! »

Françoise, suite à une grave maladie, dut garder la chambre et resta de longs mois dans un état de santé précaire. À la mort de son mari, en 1436, après une longue vie conjugale très harmonieuse, Françoise rejoignit immédiatement la Maison des Oblates qu'elle avait fondée où elle vécut dans un profond dénuement, vivant de légumes et d'eau pure, accomplissant en toute humilité les plus basses tâches, tout en portant secours aux pauvres, par ses dons et ses pieuses exhortations.

Elle mourut le 9 mars 1440 en soignant son fils Jean-Baptiste, ses dernières paroles furent : « Le ciel s'ouvre, les anges descendent, l'archange a fini sa tâche, il est debout devant moi et me fait signe de le suivre ».

C'est en 1414, lors de sa longue maladie, que Françoise eut ses visions. Au nombre de 93, elle les a dictées à son confesseur. **Le Traité de l'Enfer**, en neuf chapitres, fait partie de ces écrits[1]. L'ange gardien de Françoise la suivait constamment. Invisible aux autres et c'est avec son aide qu'elle dut aussi lutter contre les attaques du démon.

Chapitre II

Traité de l'Enfer de Sainte Françoise Romaine

Avant-propos :

Une analogie qui n'est pas sans valeur

Nous sommes en 1414 en Italie, le message reçu par Sainte Françoise romaine résonne dans une Eglise et un monde qui affrontent des guerres des maladies et la mort et n'a pas peur de parler de l'au-delà. Il faut dire que nous sommes dans une Italie qui depuis près d'un siècle connait la Divine Comédie, de Dante Alighieri (1307-1321) œuvre poétique dans laquelle l'enfer divisé en neuf cercles, neuf zones circulaires concentriques et superposées. Dans chaque cercle sont punis ceux dont la vie fut entachée d'un type bien défini de péché.

Un mot sur l'Enfer de Dante – poète-théologien au Moyen-Âge. Nous savons qu'il a lu la Somme Théologique de Saint Thomas avant d'écrire « la divine comédie ».

Les neuf cercles sont les suivants :

1° Cercle : Les limbes – là se trouvent les personnes qui n'ayant pas reçu le baptême et se trouvant privées de la foi, ne peuvent jouir de la vision de Dieu, mais ne sont pas punis pour un quelconque péché.

2° Cercle : Luxure

3° Cercle : Gourmandise

4° Cercle : Avarice

5° Cercle : Colère

6° Cercle : Hérésie

7° Cercle : Violence

8° Cercle : Ruse et Tromperie

9° Cercle : Trahison (c'est là que résiderait Lucifer)

Il faut ajouter que dans le 8° Cercle celui de Ruse et Tromperie est composé de dix fosses, chacune abritant une catégorie de pécheurs liés à la Ruse et Tromperie.

1-Ainsi dans la première fosse se trouvent les Ruffians et séducteurs qui courent harcelés et fouettés par les démons.

2- Deuxième fosse : les flatteurs et adulateurs qui sont plongés dans un cloaque d'immondices

3-Troisième fosse : les simoniaques qui ont trafiqué des choses saintes, ils sont plongés dans des trous étroits, la tête en bas, les pieds en l'air et flambants.

4- Quatrième fosse : Devins et sorciers. Leur tête est disloquée et tournée du côté du dos. Ils s'avancent à reculons et ne peuvent plus que regarder en arrière.

5- Concussionnaires et prévaricateurs. Ils sont plongés dans une poix bouillante et des troupes de démons les surveillent.

6- Sixième fosse : Les hypocrites, ces damnés sont couvertes d'amples chapes qui semblent en dehors brillantes et dorées, mais qui sont de plomb et dont le poids les écrase.

7- Septième fosse : Les voleurs. Ils sont nus et sont placés dans une enceinte remplie de reptiles horribles qui les poursuivent, les enlacent de leurs anneaux.

8- Huitième fosse : Conseillers et fraudeurs

9- Neuvième fosse : les semeurs de scandales et de schismes

10- Dixième fosse : Les Alchimistes. Ils sont rongés d'ulcères, dévorés par la lèpre. Cette lèpre alliage impur de leur chair rappelait leur crime.

Il faut dire que tout ce qui est ici décrit par Dante n'est pas le fruit de sa seule imagination. On y retrouve des données diverses de l'époque et des traditions antérieures. La Bible, la mythologie grecque, des éléments d'auteurs comme Aristote, Ptolémée, des références aux Pères de l'Eglise, aux écrivains de l'Antiquité et du Moyen Age. Tous ont fourni au poète Dante les principaux matériaux de sa vision.

Ce rappel rapide de l'œuvre de Dante, « la divine comédie » avec son genre littéraire particulier, est destiné à aider le lecteur qui aborde pour la première fois les visions de sainte Françoise romaine. Une certaine analogie qui n'est pas sans valeur.

Traité de l'Enfer

CHAPITRE 1

Note : Il convient de rappeler aux lecteurs que dans les visions qui suivent, il ne faut pas oublier que les descriptions matérielles de ces visions doivent être entendues dans un sens symbolique. Il fallait bien employer des images sensibles pour illustrer des réalités surnaturelles. La révélation ne mentionne pas des instruments matériels de torture. Ce qui vous verrez est donc à prendre dans un sens symbolique. Mais l'affirmation constante est la suivante : chaque âme est tourmentée d'une façon terrible et indescriptible par ce en quoi ont consisté ses péchés. Le message central est qu'il y a un enfer et qui y souffre terriblement.

Du lieu de l'enfer, de son prince, de l'entrée des âmes dans ce lieu d'horreur, et des peines qui leur sont communes.

Un jour que la servante de Dieu était très souffrante, elle s'enferma dans sa cellule, pour se livrer en toute liberté à l'exercice de la contemplation, où elle trouvait sa consolation et toutes ses délices. Il était environ quatre heures de l'après-midi : elle fut aussitôt ravie en extase, et l'archange Raphaël, qu'elle ne vit pas alors, vint la prendre, et la conduisit à la vision de l'enfer. Arrivée, à la porte de ce royaume effroyable, elle lut ces paroles écrites en caractères de feu **: «Ce lieu est l'enfer, où il n'y a ni repos, ni consolation, ni espérance».** Cette porte étant ouverte, elle regarda et vit un abîme si profond et si épouvantable, que depuis elle n'en pouvait parler sans que son sang se glaçât d'effroi.

De cet abîme sortaient des cris affreux et des exhalaisons insupportables ; alors elle fut saisie d'une horreur extrême ; mais elle entendit la voix de son conducteur invisible, qui lui disait d'avoir bon courage, parce qu'il ne lui arriverait aucun mal. Un peu rassurée par cette voix amie, elle observa plus attentivement cette porte, et vit que déjà fort large à son entrée, elle allait en s'élargissant toujours davantage dans son épaisseur ; mais dans cet affreux corridor régnaient des ténèbres inimaginables ; cependant il se fit pour elle une lumière, et elle vit que l'enfer était composé de trois régions : l'une supérieure, l'autre inférieure, et l'autre intermédiaire. Dans la région supérieure, tout annonçait de graves tourments ; dans celle du milieu, l'appareil des tortures était encore plus effrayant ; mais, dans la plus basse région, la souffrance était incompréhensible.

Ces trois régions étaient séparées par de longs espaces, où les ténèbres étaient épaisses, et les instruments de tortures en nombre prodigieux et extraordinairement variés. Dans cet abîme effroyable, vivait un immense dragon qui en occupait toute la longueur : il avait sa queue dans l'enfer inférieur, son corps dans l'enfer intermédiaire et sa tête dans l'enfer supérieur. Sa gueule était béante dans l'ouverture de la porte qu'il remplissait tout entière ; sa langue sortait d'une longueur démesurée ; ses yeux et ses oreilles lançaient des flammes sans clarté, mais d'une chaleur insupportable ; sa gorge vomissait une lave brûlante et d'une odeur empestée.

Françoise entendit dans cet abîme un bruit effroyable : c'étaient des cris, des hurlements, des blasphèmes, des lamentations déchirantes, et tout cela mêlé à une chaleur étouffante, et à une odeur insoutenable, lui faisait un tel mal, qu'elle crut que sa vie allait s'anéantir ; cependant son guide invisible la rassura par ses inspirations, et lui rendit un peu de courage : elle en avait besoin pour soutenir la vision dont nous allons parler.

Elle aperçut Satan sous la forme la plus terrifiante qu'il soit possible d'imaginer. Il était assis sur un siège qui ressemblait à une longue poutre, dans l'enfer du milieu, et cependant sa tête atteignait le haut de l'abîme, et ses pieds descendaient jusqu'au fond ; il tenait ses jambes écartées, et ses bras étendus, mais non en forme de croix. Une de ses mains menaçait le ciel, et l'autre semblait indiquer le fond du précipice.

Deux immenses cornes de cerf couronnaient son front; elles étaient fort rameuses, et les innombrables petites cornes qui en sortaient, comme autant de rameaux, semblaient autant de cheminées par où s'échappaient des colonnes de flammes et de fumée. Son visage était d'une laideur repoussante et d'un aspect terrible. Sa bouche, comme celle du dragon, vomissait un fleuve de feu très ardent ; mais sans clarté et d'une puanteur affreuse. Il portait au cou un carcan de fer rouge. Une chaîne brûlante le liait par le milieu du corps, et ses pieds et ses mains étaient également enchaînés. Les fers de ses mains étaient fortement cramponnés dans la voûte de l'abîme ; ceux de ses pieds tenaient à un anneau fixé au fond du gouffre, et la chaîne qui lui liait les reins, liait aussi le dragon dont nous avons parlé. A cette vision en succéda une autre.

La servante de Dieu aperçut de tous côtés des âmes que les esprits qui les avaient tentées ramenaient dans cette affreuse demeure : elles portaient leurs péchés écrits sur leurs fronts en caractères si intelligibles, que la sainte comprenait pour quels crimes chacune d'elles était damnée. Ces lettres, du reste, n'étaient que pour elle seule ; car ces âmes malheureuses ne connaissaient réciproquement leurs péchés que par la pensée. Les démons qui les conduisaient, les accablaient de plaisanteries, de reproches amers et de mauvais traitements, qu'il serait difficile de raconter, tant la rage de ces monstres était inventive. A mesure que ces âmes arrivaient à l'entrée du gouffre, les démons les renversaient et les précipitaient, la tête la première, dans la gueule toujours ouverte du dragon. Ainsi englouties, elles glissaient rapidement dans ses entrailles, et à l'ouverture inférieure, elles étaient reçues par d'autres démons qui les conduisaient aussitôt à leur prince, ce monstre enchaîné, dont nous venons de parler.

Il les jugeait sur-le-champ, et après avoir assigné le lieu qu'elles devaient occuper selon leurs crimes, il les livrait à des démons qui lui servaient de satellites pour les y conduire. La sainte remarqua que cette translation ne se faisait pas de la même manière que celle des âmes qui passent du purgatoire au paradis. Quoique la distance que ces dernières ont à parcourir soit incomparablement plus grande que celle d'un enfer à l'autre, puisqu'il leur faut traverser la terre, le ciel des astres et le cristallin, pour arriver à l'empyrée ; cependant ce voyage se fait dans un clin d'œil. La marche des âmes que Françoise voyait emporter par les gardes du tyran infernal, était au contraire fort lente, tant à cause des ténèbres épaisses, qu'il leur fallait traverser avec une sorte de violence, que des tortures qu'ils leur faisaient souffrir dans les espaces intermédiaires dont nous avons parlé. Ce n'était donc qu'après un certain temps que les démons finissaient par les déposer au fond de l'abîme.

Françoise vit aussi arriver d'autres âmes moins coupables que les premières, et cependant réprouvées ; elles étaient précipitées dans la gueule du dragon, présentées à Lucifer, jugées et transférées par les démons, comme les autres ; mais, au lieu de descendre au fond du gouffre, elles montaient dans l'enfer supérieur, avec la même lenteur néanmoins, et en subissant des tourments proportionnés à leurs péchés. Arrivées dans leur prison, elles y trouvaient une multitude de démons en forme de serpents et de bêtes féroces, dont la vue les terrorisait. Les regards de Satan les épouvantaient encore davantage, et, sans parler de l'incendie général dans lequel elles étaient enveloppées, le feu qui sortait du prince des ténèbres leur faisait cruellement sentir son ardeur dévorante. Autour d'elles régnait une nuit éternelle ; en sorte que rien ne pouvait faire diversion aux peines qu'elles enduraient. Là, comme dans les autres parties de l'enfer, chacune des âmes réprouvées était livrée à deux démons principaux, exécuteurs des arrêts de la justice divine.

La fonction du premier était de la frapper, de la déchirer et de la tourmenter sans cesse ; celle du second était de se moquer de son malheur, en lui reprochant de se l'être attiré par sa faute ; de lui rappeler continuellement le souvenir de ses péchés, mais de la manière la plus accablante, en lui demandant comment elle avait pu céder aux tentations, et consentir à offenser son Créateur ; de lui reprocher enfin, tous les moyens qu'elle avait eus de se sauver, et toutes les occasions de faire le bien, qu'elle avait perdues par sa faute. De là des remords déchirants, qui, joints aux tourments que l'autre bourreau lui faisait éprouver, la mettaient dans un état de rage et de désespoir, qu'elle exprimait par des hurlements et des blasphèmes. La charge confiée à ces deux démons n'était pourtant pas exclusive : tous les autres avaient également droit de l'insulter et de la tourmenter, et ils ne manquaient pas d'en user.

La servante de Dieu ayant désiré savoir quelle différence il y avait entre les habitants des trois provinces de ce royaume effroyable, il lui fut dit que, dans la région inférieure, étaient placés les plus grands criminels ; dans celle du milieu les criminels médiocres et dans la région supérieure les moins coupables des réprouvés. Les âmes que vous voyez dans ce lieu le plus haut, ajouta la voix qui l'instruisait, sont celles des Juifs qui, à leur opiniâtreté près, vécurent exempts de grands crimes, celles des chrétiens qui négligèrent la confession pendant la vie, et en furent privés à la mort, etc. Tout ce que la bienheureuse voyait et entendait la remplissait d'épouvante ; mais son guide avait grand soin de la rassurer et de la fortifier.

CHAPITRE 2

Tourments particuliers exercés sur neuf sortes de coupables.

-1° Supplices de ceux qui outragèrent la nature par leurs impuretés. (1)

Françoise aperçut dans la partie la plus basse et la plus horrible de l'enfer des hommes et des femmes qui enduraient des tortures effroyables. Les démons qui leur servaient de bourreaux les faisaient asseoir sur des barres de fer rougies au feu, qui pénétraient le corps dans toute sa longueur, et sortaient par le sommet de la tête, et pendant que l'un d'entre eux retirait cette barre, et la renfonçait de nouveau, les autres, avec des tenailles ardentes, leur déchiraient les chairs depuis la tête jusqu'aux pieds. Or ces tourments étaient continuels et cela sans exclusion des peines générales je veux dire, du feu, du froid glacial, des épaisses ténèbres, des blasphèmes et des grincements de dents.

Note 1: « En 2009, une jeune artiste de Corée du sud qui participait à une nuit de prière a été visitée par Jésus. Durant cette visite Jésus l'a emmené en enfer. Après cette visite Jésus lui a demandé de peindre l'enfer tel qu'elle l'a vu. La jeune artiste a alors peint un certain nombre de toiles qui montrent comment est l'enfer et les différents types de torture qu'on y subit. Jésus a demandé à l'artiste de parler au monde de son expérience afin que le monde sache que : L'enfer existe, il est horrible, épouvantable. Il faut à tout prix l'éviter. »

Ces peintures sont terrifiantes et ressemblent beaucoup aux visions reçues par sainte Françoise romaine.

- 2° Supplices des usuriers.

Non loin du cachot des premiers, Françoise en vit un autre où les criminels étaient torturés d'une manière différente, et il lui fut dit que c'étaient les usuriers. Or, ces malheureux étaient couchés et cloués sur une table de feu, les bras étendus, mais non en forme de croix, et le guide de Françoise lui dit à ce sujet, que tout signe de la croix était banni de ces demeures infernales. Chacun d'eux avait un cercle de fer rouge sur la tête. Les démons prenaient dans des chaudières de l'or et de l'argent fondus qu'ils versaient dans leurs bouches ; ils en faisaient couler aussi dans une ouverture qu'ils avaient pratiquée à l'endroit du cœur, en disant : souvenez-vous, âmes misérables de l'affection que vous aviez pour ces métaux pendant la vie ; c'est elle qui, vous a conduite où vous êtes. Ils les plongeaient ensuite dans une cuve pleine d'or et d'argent liquéfiés ; en sorte, qu'elles ne faisaient que passer d'un tourment à un autre, sans obtenir un moment de repos. Elles souffraient en outre, les peines communes à toutes les autres âmes réprouvées ; ce qui les réduisait à un affreux désespoir : aussi ne cessaient-elles de blasphémer le nom sacré de celui qui exerçait sur elles ses justes vengeances.

- 3° Supplices des blasphémateurs.

Françoise vit, dans la même région, les profanateurs obstinés de Dieu, de la sainte Vierge et des saints. Or, ils étaient soumis à des tortures effroyables. Les démons, armés de pinces brûlantes, tiraient leurs langues, et les appliquaient sur des charbons embrasés, ou bien ils prenaient de ces charbons, et les leur mettaient dans la bouche ; ensuite ils les plongeaient dans des chaudières d'huile bouillante, ou bien ils leur en faisaient avaler, en disant : «Comment osiez-vous blasphémer ce que les cieux révèrent, âmes maudites et désespérées? ». Non loin de ceux-ci étaient les lâches qui renoncèrent à Jésus-Christ par la crainte des supplices ; mais leurs tourments n'étaient pas aussi rigoureux, Dieu ayant égard à la faiblesse humaine qui les fit succomber.

- 4° Supplices des traîtres.

Françoise vit dans le même quartier, les tortures qu'exerçaient les démons impitoyables sur les hommes infidèles à leurs maîtres, et surtout sur les chrétiens qui ne prirent des engagements sur les fonts sacrés du baptême que pour les profaner. Ces cruels bourreaux leur arrachaient le cœur avec des tenailles ardentes, et le leur rendaient ensuite pour l'arracher de nouveau. Ils les descendaient aussi de temps en temps dans des cuves pleines de poix bouillante, et leur disaient en les y tenant submergés : «**Âmes fausses et perfides, sans cœur et sans fidélité, non contents de trahir vos maîtres temporels, vous avez osé trahir votre Dieu Lui-même ; car vous prîtes sur les fonts du baptême, l'engagement solennel de renoncer à Satan, à ses pompes et à ses œuvres, et vous avez fait tout l'opposé. N'oubliez pas ces promesses, et recevez le châtiment que leur violation vous a mérité**». A ces reproches amers succédaient les hurlements des victimes ; elles blasphémaient aussi les sacrements, surtout le saint baptême et maudissaient leur divin auteur.

- 5° Supplices des homicides.

Un peu plus loin elle vit des hommes à figures féroces, plongés dans une immense chaudière remplie de sang en ébullition. Or, les démons venaient les prendre dans cette chaudière bouillante et les jetaient dans une autre pleine d'eau à moitié glacée ; puis les retiraient de celle-ci pour les submerger dans la première. Mais ce n'était pas là leur unique tourment, d'autres démons armés de poignards enflammés leur perçaient le cœur et ne retiraient le fer de la plaie que pour l'y plonger encore. Auprès de ces hommes sanguinaires, étaient placées ces mères qui se dénaturèrent au point d'ôter la vie à leurs propres enfants, et leurs tortures étaient à peu près les mêmes.

- 6° Supplices des apostats qui abandonnèrent la foi catholique non par faiblesse mais par corruption.

Les démons les sciaient par le milieu du corps, avec des scies de fer rouge, trempées dans du plomb fondu. Or, la reprise des chairs s'opérait subitement après l'opération, et permettait aux bourreaux de recommencer sans cesse.

- 7° Supplice des incestueux.

Il y eut dans tous les temps des hommes et des femmes qui, emportés par une passion aveugle, commirent des impuretés avec des personnes qui leur étaient unies par les liens du sang ou par des liens spirituels Or, la Servante de Dieu les vit dans un cachot voisin de celui des habitants de Sodome. Or, les démons les plongeaient dans une fosse pleine de matières infectes en ébullition ; puis les retirant de là, ils les coupaient par quartiers, et lorsque ces quartiers s'étaient réunis, ce qui se faisait aussitôt, ils les replongeaient dans le cloaque brûlant et fétide.

- 8° Supplices des magiciens.

Dans l'enfer du milieu, la bienheureuse vit ceux qui, pendant leur vie, étaient en commerce avec le démon, et ceux qui les consultaient et leur donnaient confiance. Ils étaient enveloppés dans des ténèbres effroyables, et les bourreaux les lapidaient avec des pavés de fer rougis au feu. Il y avait là un gril carré, au milieu duquel, brûlait un feu terrible. Or, de temps en temps les démons couchaient leurs victimes sur ce gril, et les y tenaient fortement enchaînés; puis ils les retiraient de là pour les lapider encore.

- 9° Supplices des excommuniés.

La servante de Dieu remarqua que toutes les âmes précipitées dans la gueule du démon ne sortaient pas de son corps. Ayant eu le désir de savoir quelles étaient les âmes qu'elle ne voyait pas reparaître, il lui fut dit que c'étaient les âmes de ceux qui étaient morts dans l'excommunication. Elles descendent ajouta la voix qui l'instruisait, dans la queue du dragon, qui se prolonge jusqu'au fond de l'abîme, et est un vaste foyer où brûle un feu dévorant. Elles étaient donc renfermées dans cette affreuse prison, et les démons qui rôdaient autour, leur criaient d'une voix insultante : «C'est donc vous» qui, aveuglées par vos passions et hébétées par la sensualité, avez méprisé les foudres de l'Eglise ? Eh bien ! bouillez maintenant dans la queue du dragon. Hélas ! hélas ! répondaient du dedans des voix plaintives, quelle infortune est la nôtre, et quels maux affreux nous endurons !»

CHAPITRE 3
Comment les péchés capitaux sont punis dans l'enfer inférieur.

- 1° Tourments des orgueilleux.

La bienheureuse aperçut une vaste prison dont les habitants étaient fort nombreux, et on lui dit que c'étaient les superbes. Cette prison était divisée en plusieurs pièces, où les victimes étaient classées selon les diverses espèces de ce péché. Les ambitieux étaient ceux que les démons paraissaient mépriser davantage. Autant ces misérables avaient été affamés des honneurs pendant leur vie, autant ils étaient rassasiés d'opprobres et de confusion. En punissant ceux-ci, ils n'oubliaient pourtant pas les autres. Chaque famille d'orgueilleux, si je puis parler ainsi, avait sa peine propre et particulière ; mais il y avait un châtiment horrible qui leur était commun à tous. Au milieu de cette prison spéciale était posé un lion énorme d'airain rougi par le feu. Sa gueule était levée en l'air et largement ouverte, et ses mâchoires, en guise de dents, étaient armées d'un grand nombre de rasoirs affilés. Son ventre était un repaire de serpents et d'autres bêtes venimeuses, et l'ouverture postérieure était comme l'entrée du corps de ce monstre, garnie de lames brûlantes et horriblement acérées. Or, les démons chargés de tourmenter ces tristes victimes, les lançaient en l'air de manière à les faire retomber dans la gueule du lion. Toutes tranchées et presque divisées par les rasoirs, elles passaient par la gorge de ce monstre et tombaient dans ses larges entrailles, au milieu des reptiles qui fourmillaient dans ce lieu infect, et exerçaient sur elles leur rage infernale. Elles gravitaient ensuite vers la partie postérieure où des démons les saisissaient avec des pinces ardentes, et les tiraient violemment à eux, à travers les rasoirs dont l'ouverture était bordée, et ce jeu cruel les bourreaux le recommençaient sans cesse. Ces âmes, irritées et enragées par d'aussi horribles tourments, hurlaient d'une manière affreuse et proféraient des blasphèmes effroyables. «**Hurlez, leur disaient les esprits infernaux ; hurlez, superbes maudits, qui fîtes si longtemps la guerre au Créateur sur la terre. Vous avez bien raison de vous désespérer, car vos malheurs ne finiront jamais**».

- 2° Tourments des réprouvés qui furent sujets à la colère.

Françoise remarqua qu'ils étaient punis selon leurs divers degrés de culpabilité ; mais voici une peine qui leur était commune. Il y avait dans leur prison un serpent d'airain, que le feu de l'enfer maintenait continuellement embrasé. Sa poitrine était large, son cou élevé comme une colonne et sa gueule béante. Dans cette horrible gueule étaient plantés en forme de croissant de longues et fortes aiguilles, dont les pointes étaient dirigées vers la gorge de l'animal. Or, les démons, prenant ces âmes dont nous parlons les lançaient par cette ouverture dans le corps du monstre ; puis ils les en retiraient avec des tenailles ardentes toutes déchirées par les pointes qu'elles rencontraient à leur sortie. Or, elles souffraient continuellement ce supplice, qui les réduisait à un affreux désespoir, et leur arrachait les plus effroyables blasphèmes.

- 3° Tourments des avares.

La bienheureuse vit ensuite les avares dans une fosse remplie de gros serpents qui avaient des bras. Chacun de ces hideux reptiles s'attachait à un de ces coupables, que la justice divine leur avait abandonnés. Il lui frappait la bouche de sa queue, lui déchirait le cœur avec les dents, et l'étreignait dans ses bras, de manière à l'étouffer, si cela eût été possible ; mais d'autres démons venaient les arracher à leurs affreux embrassements, avec des tenailles de fer, qui les déchiraient d'une manière horrible, et allaient les plonger dans une seconde fosse remplie d'or et d'argent liquéfiés, les accablant de leurs dérisions et de leurs sarcasmes.

- 4° Tourments des envieux.

Chacun de ces malheureux était couvert d'un manteau de flammes, avait un ver venimeux qui lui rongeait le cœur, pénétrait dans sa poitrine, et, remontant par la gorge se présentait à la bouche, qu'il forçait à ouvrir convulsivement ; mais un démon l'empêchait de sortir, en serrant avec la main le cou de la victime, ce qui lui causait d'insupportables étouffements ; et tandis qu'il l'étouffait ainsi d'une main, il tenait de l'autre une épée dont il lui perçait le cœur. Un second démon venait ensuite, qui lui arrachait le cœur de la poitrine, le trempait dans des immondices, et le lui remettait, pour l'arracher de nouveau, et ainsi sans fin ; et ces traitements barbares étaient accompagnés de dérisions et de reproches, qui réduisaient ces infortunés à la rage et au désespoir.

- 5° Tourments des paresseux.

Françoise les vit assis au milieu d'un grand feu, les bras croisés, et la tête inclinée sur les genoux. Leurs sièges étaient de pierres ; ces pierres étaient cannelées profondément, et leurs cavités remplies de charbons embrasés : les bancs eux-mêmes étaient tout rouges et la flamme qui sortait du brasier s'attachait à ces tristes victimes, et les couvrait comme un vêtement. Or, les démons, les prenant avec des pinces ardentes, les renversaient violemment sur ces lits affreux, et les y traînaient en les tournant et les retournant en toutes manières ; c'était pour les punir d'avoir perdu le temps. A côté de chacune d'elles était un démon qui, avec un coutelas, lui fendait la poitrine, et y versait de l'huile bouillante, et cela pour les punir d'avoir trop présumé de la miséricorde de Dieu. Il mettait encore des vers dans leurs plaies, en punition des mauvaises pensées auxquelles leur oisiveté laissait le champ libre.

- 6° Tourments des gourmands.

Françoise pu contempler aussi les châtiments de la gourmandise. Chaque malheureux, réprouvé pour ce vice avait un démon qui le prenait par la tête et le traînait sur des charbons ardents, tandis qu'un autre démon, debout sur lui, le foulait aux pieds avec violence. Ils lui liaient ensuite les pieds et les mains, et le précipitaient dans une chaudière pleine de poix fondue ; puis, le retirant de là, ils le jetaient dans une autre remplie d'une eau presque réduite en glace. Ils lui versaient aussi du vin brûlant dans la bouche, pour le punir des coupables excès qu'il en avait fait pendant la vie. Pendant ce temps-là, ses bourreaux lui disaient d'un ton ironique : «**La peine des gourmands, dans cette demeure, est le superflu chaud et froid. Voici donc où vous ont conduit vos intempérances, lui disaient d'autres esprits infernaux. Désormais vous aurez pour nourriture des serpents, et du feu pour breuvage.** »

- 7° Tourments des luxurieux.

Françoise cherchait des yeux les esclaves de cette passion honteuse ; on les lui montra. Ils étaient liés à des poteaux de fer embrasé, et les bourreaux, avec leurs langues ardentes, léchaient toutes les parties de leurs corps, ce qui les faisait souffrir horriblement. D'autres démons, avec des tenailles, déchiraient leurs chairs par lambeaux, en punition de la bonne chair qu'ils faisaient dans le monde, ce qui servait à alimenter toujours davantage leur funeste passion. Sous leurs poteaux étaient des grils ardents et armés de pointes de fer, auprès desquels étaient couchés d'horribles serpents. Les démons, attirant brusquement leurs victimes, les faisaient tomber à la renverse sur ces lits affreux, et les serpents se jetant sur eux, les mordaient avec une rage inconcevable. Ce supplice était particulier aux adultères.

CHAPITRE 4

Supplices particuliers à sept espèces de pécheurs.

- 1° Tourments des voleurs. La servante de Dieu vit des hommes qui étaient liés avec des cordes noires, par le moyen desquelles les démons les attiraient en haut ; après quoi ils les laissaient retomber dans le feu. Ensuite ils les descendaient dans un puits d'eau glacée ; de là ils les faisaient passer dans un lac de plomb fondu, où ils les forçaient de boire une horrible fusion de fiel, de poix et de soufre ; ils les jetaient enfin dans un repaire de bêtes féroces. Or, il fut dit à la sainte que ces tristes victimes étaient les voleurs.

- 2° Tourments des enfants dénaturés. Il y eut toujours sur la terre des enfants détestables, qui, au lieu d'honorer leurs parents, n'eurent pour eux que de l'éloignement et du mépris, les rendant excessivement malheureux par leur insubordination, leur mauvais caractère et leurs violences. Or, Françoise les vit dans un immense tonneau, garni de rasoirs, et où se trouvaient des serpents féroces. Les démons roulaient cette effroyable machine, et les pauvres victimes qu'elle renfermait étaient mordues par les serpents, et déchirées par les rasoirs. On fit remarquer à la bienheureuse que ces coupables et les autres ne demeuraient pas toujours dans l'enfer qui leur était assigné. De l'enfer inférieur ils passaient quelquefois dans l'enfer supérieur ou dans l'intermédiaires, ou de ceux-ci dans le plus bas. Ayant désiré en savoir la raison, il lui fut dit que c'était pour subir le supplément de peines dû aux circonstances plus ou moins aggravantes de leurs péchés.

- 3° Tourments de ceux qui furent infidèles à leur vœu de chasteté.

La position de ces malheureux était effroyable. Les démons les plongeaient tantôt dans un feu ardent, où coulaient en fusion la poix et le soufre, et tantôt dans un bain d'eau glacée ; d'autres fois ils les serraient entre deux planches de fer, armées de clous aigus, et leur perçaient les flancs avec des fourches. Enfin, pour ajouter l'insulte à leurs supplices, ils ne cessaient de leur reprocher les crimes qu'ils avaient commis. «**Souvenez-vous, leur disaient-ils, de vos impuretés sacrilèges : ces plaisirs, sitôt passés, vous coûtent cher maintenant. Souvenez-vous de tant de sacrements que vous avez profanés, et qui n'ont servi qu'à rendre votre condamnation plus terrible**».

- 4° Tourments des parjures. Ils avaient des bonnets de feu sur la tête ; leurs langues étaient arrachées, et leurs mains coupées.

- 5° Tourments des détracteurs. Chacun d'eux était livré à une vipère à sept têtes. Je parle de la forme qu'avait prise le démon spécialement chargé de le tourmenter. Or, voici à quoi lui servaient ses sept gueules. Avec la première il arrachait la langue du patient ; avec la seconde il la mangeait ; avec la troisième il la crachait dans le feu ; avec la quatrième il la reprenait et la rendait au coupable ; avec la cinquième il lui crevait les yeux ; avec la sixième il lui arrachait la cervelle par une oreille, et avec la septième enfin, il dévorait ses narines. En outre, avec les ongles de ses mains il lui déchirait le corps.

- 6° Tourments des vierges folles. Françoise vit ces âmes qui, fort jalouses de conserver leur virginité corporelle, prenaient peu de soin de la pureté de leur cœur. Les démons les flagellaient cruellement avec des chaînes de fer rouge.

- **7° Tourments des veuves vicieuses.** Elles étaient liées aux branches d'un énorme pommier, la tête renversée en arrière, et les démons leur faisaient manger des pommes pleines de vers. En outre, des dragons terribles, s'enlaçant à elles, leur déchiraient le cœur et les entrailles, tandis que la foule des démons ne cessait de leur reprocher leur mauvaise vie.

- **8° Tourments des femmes idolâtres de leur beauté.** Elles avaient pour chevelure des serpents qui leur mordaient cruellement le visage, tandis que d'autres démons enfonçaient des épingles rougies au feu dans toutes les parties de leur corps ; et, pour aiguiser les remords de la conscience, ils ne cessaient de leur dire : » Vous fîtes notre métier sur la terre, il est juste que vous nous soyez associées pendant l'éternité. Faites maintenant votre toilette dans ces flammes». Ces âmes répondaient par des blasphèmes horribles à ces insultes de leurs ennemis.

CHAPITRE 5

Blasphèmes des réprouvés

Tout cet affreux séjour retentissait d'horribles blasphèmes. Ses infortunés habitants maudissaient Dieu, comme s'il ne leur eût fait que du mal, et jamais aucun bien ; ils maudissaient l'humanité sacrée de Notre-Seigneur Jésus-Christ ; ils maudissaient tous ses mystères, dont le souvenir ne leur rappelait que de criminelles ingratitudes ; ils maudissaient toutes les grâces qu'ils avaient obtenues par Ses mérites, et dont l'abus leur avait attiré de si horribles châtiments. Toute la sainte vie de ce Dieu sauveur provoquait leurs blasphèmes ; mais chacun s'attachait à profaner d'une manière spéciale la circonstance qui lui déplaisait le plus.

Celui-ci maudissait Son Incarnation, celui-là Sa Naissance ; celui-ci Sa Circoncision et celui-là Son Baptême ; celui-ci Sa Pénitence, celui-là Sa Passion ; un autre Sa Résurrection, un autre Son Ascension glorieuse. Rien de ce qu'a fait notre aimable Sauveur, pour le salut de nos âmes, n'était respecté, parce que tous ces bienfaits ne furent pour eux que des objets d'ingratitude. Ils maudissaient et blasphémaient le doux nom de Marie, ses prérogatives, ses vertus, mais surtout sa maternité divine ; parce que si elle n'eût pas mis le fils de Dieu au monde, ils eussent été moins coupables, et n'auraient pas à supporter d'aussi horribles tourments. Ainsi donc leur éternité est tout employée à blasphémer et à maudire, mais avec une telle rage et un si profond désespoir, que, n'eussent-ils point d'autres supplices, cela suffirait pour les rendre infiniment malheureux. Cependant ils souffrent les autres peines communes à tous les réprouvés, et en outre, les peines qui leur sont particulières, ainsi que je viens de le dire.

CHAPITRE 6

Nombre des démons, leurs noms et leurs emplois

Dans la vision XVII, où la création des anges et leur classification furent manifestées à la servante de Dieu, Dieu lui fit discerner ceux qui devaient pécher de ceux qui demeureraient fidèles. Elle fut ensuite témoin de leur révolte et de la chute horrible qu'elle leur mérita. Or, elle ne fut pourtant pas aussi profonde pour les uns que pour les autres : un tiers de ces infortunés demeura dans les airs, un autre tiers s'arrêta sur la terre et le dernier tiers tomba jusque dans l'enfer.

Cette différence dans les châtiments correspondit à celles que Dieu remarqua dans les circonstances de leur faute commune. Parmi ces esprits rebelles, il y en eut qui embrassèrent de gaieté de cœur, si je puis parler de la sorte, la cause de Lucifer; et d'autres qui virent avec indifférence ce soulèvement contre le Créateur, et demeurèrent neutres. Les premiers furent précipités sur le champ dans l'enfer, d'où ils ne sortent jamais, à moins que Dieu ne les déchaîne quand Il veut frapper la terre de quelque grande calamité, pour punir les péchés des hommes. Les seconds furent jetés partie dans les airs, et partie sur la terre ; et ce sont ces derniers qui nous tentent, comme je le dirai plus tard.

Lucifer, qui voulut être l'égal de Dieu dans le ciel, est le monarque des enfers, mais monarque enchaîné et plus malheureux que tous les autres.

Il a sous lui trois princes auxquels tous les démons, divisés en trois corps, sont assujettis par la volonté de Dieu ; de même que dans le ciel, les bons anges sont divisés en trois hiérarchies présidées par trois esprits d'une gloire supérieure. Ces trois princes de la milice céleste furent pris dans les trois premiers chœurs, où ils étaient les plus nobles et les plus excellents ; ainsi, les trois princes de la milice infernale furent choisis comme les plus méchants des esprits des mêmes chœurs, qui arborèrent l'étendard de la révolte.

Lucifer était dans le ciel le plus noble des anges qui se révoltèrent, et son orgueil en fit le plus méchant de tous les démons. C'est pour cela que la justice de Dieu l'a donné pour roi à tous ses compagnons et aux réprouvés, avec puissance de les gouverner et de les punir, selon ses caprices ; ce qui fait qu'on l'appelle le tyran des enfers. Outre cette présidence générale, il est encore établi sur le vice de l'orgueil. Le premier des trois princes qui commandent sous ses ordres, se nomme **Asmodée** : c'était dans le ciel un chérubin, et il est aujourd'hui l'esprit impur qui préside à tous les péchés déshonnêtes. **Le deuxième prince s'appelle Mammon** : c'était autrefois un trône, et maintenant il préside aux divers péchés que fait commettre l'amour de l'argent. **Le troisième prince porte le nom de Belzébuth** ; il appartenait à l'origine au chœur des dominations, et maintenant il est établi sur tous les crimes qu'enfante l'idolâtrie, et préside aux ténèbres infernales. C'est aussi de lui que viennent celles qui aveuglent les esprits des humains. Ces trois chefs ainsi que leur monarque, ne sortent jamais de leurs prisons infernales ; lorsque la justice de Dieu veut exercer sur la terre quelque vengeance éclatante, ces princes maudits députent à cet effet un nombre suffisant de leurs démons subordonnés ; car il arrive quelquefois que les fléaux dont Dieu veut frapper les peuples, demandent plus de forces ou plus de malices que n'en ont les mauvais esprits répandus sur la terre et dans l'air. Alors les infernaux plus méchants et plus enragés, deviennent des auxiliaires indispensables. Mais hors de ces cas rares, ces grands coupables ne peuvent sortir des prisons où ils sont renfermés.

Tous ces esprits infortunés sont classés dans l'abîme selon leur ordre hiérarchique.

La première hiérarchie, composée **de séraphins, de chérubins et de trônes, habite l'enfer le plus bas** ; ils endurent des tourments plus cruels que les autres, et exercent les vengeances célestes sur les plus grands pécheurs. Lucifer qui fut un séraphin, exerce sur eux une spéciale autorité, en vertu de l'orgueil dont il a la haute présidence. Les démons de cette hiérarchie ne sont envoyés sur terre, que, lorsque la colère de Dieu permet que l'orgueil prévale pour punir les nations.

La deuxième hiérarchie formée de dominations, de principautés et de puissances, demeure dans l'enfer du milieu. Elle a pour prince Asmodée qui, comme je l'ai déjà dit, préside aux péchés de la luxure. On peut deviner que, les démons de cette hiérarchie sont sur terre, lorsque les peuples s'abandonnent au vice infâme de l'impureté.

La troisième hiérarchie qui se compose de vertus, d'archanges et d'anges, a pour chef Mammon, et habite l'enfer supérieur. Lorsque ces démons sont lâchés sur la terre, la soif des richesses y prévaut de toutes parts, et il n'est plus question que d'or ou d'argent. Quant à Belzébuth, il est le prince des ténèbres, et les répand, quand Dieu le permet, dans les intelligences, pour étouffer la lumière de la conscience et celle de la véritable foi. Tel est l'ordre qui règne parmi les démons dans les enfers ; quant à leur nombre, il est innombrable.

On retrouve ces mêmes hiérarchies parmi les démons qui demeurent dans l'air et sur la terre, mais ils n'ont point de chefs, et par conséquent vivent dans l'indépendance et une sorte d'égalité. Ce sont les démons aériens qui, la plupart du temps, déchaînent les vents, excitent les tempêtes, produisent les orages, les grêles et les inondations. Leur intention en cela est de faire du mal aux hommes, surtout en diminuant leur confiance en la divine Providence, et les faisant murmurer contre la volonté de Dieu.

Les démons de la première hiérarchie, qui vivent sur la terre, ne manquent pas de profiter aussi de ces occasions favorables à leur malice ; trouvant les hommes irrités par ces calamités et fort affaiblis dans leur soumission et leur confiance, ils les font tomber beaucoup plus facilement dans le vice de l'orgueil. Ceux de la deuxième hiérarchie ne manquent pas à leur tour de les précipiter de leur hauteur superbe dans le cloaque impur, ce qui donne ensuite toute facilité aux démons de la troisième hiérarchie, de les faire tomber dans les péchés qu'enfante l'amour de l'argent.

Alors les anges qui président aux ténèbres les aveuglent, leur font quitter la voie de la vérité, et rendent leur retour extrêmement difficile. C'est ainsi que tous les démons, malgré la différence de leurs emplois, se concertent et s'aident mutuellement à perdre les âmes. Les uns affaiblissent leur foi, les autres les poussent à l'orgueil, ceux-ci à l'impureté, ceux-là à l'amour des richesses, d'autres enfin leur jettent un voile sur les yeux et les écartent si fort de la voie du salut, que la plupart ne la retrouvent plus.

[2]Le seul moyen d'échapper à ce complot infernal, serait de se relever promptement de la première chute, et c'est précisément ce que ces pauvres âmes ne font pas. De là, cette chaîne de tentations, qui de chute en chute les conduit au fond du précipice.

Lorsque j'ai dit que les démons qui sont dans l'air et sur la terre n'ont pas de chefs, j'ai voulu dire seulement qu'ils n'ont pas d'officiers subalternes ; car tous sont soumis à Lucifer, et obéissent à ses commandements, parce que telle est la volonté de la justice divine. Malgré la haine qu'ils portent aux hommes, aucun d'eux n'oserait les tenter sans l'ordre de Lucifer, et Lucifer lui-même ne peut prescrire, en ce genre que ce que lui permet le Seigneur plein de bonté et de compassion pour nous.

Lucifer voit tous ses démons, non seulement ceux qui sont autour de lui dans l'enfer, mais encore ceux qui sont dans l'air et sur la terre. Tous aussi le voient sans aucun obstacle, et comprennent parfaitement toutes ses volontés. Ils se voient également et se comprennent fort bien les uns les autres.

Les malins esprits, répandus dans l'air et sur la terre, ne ressentent pas les atteintes du feu de l'enfer ; ils n'en sont pas moins excessivement malheureux, tant parce qu'ils se maltraitent et se frappent sans cesse les uns les autres, que parce que les opérations des bons anges dans ce monde leur causent un dépit qui les tourmente cruellement.

Les peines de ceux qui appartiennent à la première hiérarchie sont plus acerbes que celles des esprits de la seconde, et ceux-ci sont plus malheureux que les esprits de la troisième. La même justice distributive préside aux tourments des esprits infernaux; mais ceux-ci sont tous en proie à l'ardeur des flammes infernales.

Les démons qui demeurent au milieu de nous, et ont reçu le pouvoir de nous tenter, sont tous des esprits tombés du dernier chœur. Les anges commis à notre garde sont aussi de simples anges. Ces esprits tentateurs sont sans cesse occupés à préparer notre perte. Les moyens qu'ils emploient pour cela sont si subtils et si variés, qu'une âme qui leur échappe est fort heureuse, et ne saurait trop témoigner sa reconnaissance au Seigneur.

Il n'est pas un instant du jour et de la nuit, où ces cruels ennemis n'essayent d'une tentation ou d'une autre, afin de lasser ceux qu'ils ne peuvent vaincre par la ruse ou la violence. La patience est donc l'arme défensive par excellence. Malheur à qui la laisse tomber de ses mains ! Lorsque ces tentateurs ordinaires rencontrent des âmes fortes et patientes, qu'ils ne peuvent entamer, ils appellent à leur secours des compagnons plus astucieux et plus malins, non pour combattre avec eux ou à leur place, car Dieu ne le permet pas ; mais pour leur suggérer des stratagèmes plus efficaces.

Françoise savait tout cela par expérience : il était rare qu'elle fût tentée par son démon seul. D'ordinaire il s'en associait d'autres ; et trop faibles encore, ils recouraient à la malice des esprits supérieurs qui demeuraient dans l'air. Elle était devenue si habile dans cette guerre, qu'en soutenant une attaque, elle savait à quel chœur avait appartenu celui dont le conseil la dirigeait, et qui il était.

Lorsque les démons veulent livrer un assaut à une âme habile et forte, les uns l'attaquent de front, et les autres se placent derrière elle. C'est de cette sorte qu'ils combattaient ordinairement contre notre bienheureuse, et elle les voyait se faire des signes pour concerter leurs moyens.

Lorsqu'une âme, vaincue par les tentations, meurt dans son péché, son tentateur habituel l'emporte avec promptitude, suivi de beaucoup d'autres qui lui prodiguent des outrages, et ne cessent de la tourmenter jusqu'à ce qu'elle soit précipitée dans l'enfer. Ces détestables esprits se livrent ensuite à une joie féroce. Son ange gardien, après l'avoir suivie jusqu'à l'entrée de l'abîme, se retire aussitôt qu'elle a disparu, et remonte au ciel.

Lorsqu'une âme, au contraire, est condamnée au purgatoire, son tentateur est cruellement battu par l'ordre de Lucifer pour avoir laissé échapper sa proie. Il reste pourtant là, en dehors du purgatoire, mais assez près pour que l'âme le voie et entende, les reproches qu'il lui fait sur les causes de ses tourments. Lorsqu'elle quitte le purgatoire pour monter au ciel, ce démon revient sur la terre se mêler à ceux qui nous tentent ; mais il est pour eux un objet de moqueries, pour avoir mal rempli la mission dont il était chargé.

Tous ceux qui laissent ainsi échapper les âmes ne peuvent plus remplir l'office de tentateurs. Ils vont, errant çà et là, réduits à rendre aux hommes d'autres mauvais offices, quand ils peuvent.

Quelquefois Lucifer, pour les punir, les loge honteusement dans des corps d'animaux, ou bien il s'en sert, avec la permission de Dieu, pour exercer des possessions qui leur attirent souvent de nouveaux châtiments et de nouvelles hontes.

Les démons, au contraire, qui ont réussi à perdre les âmes auxquelles Lucifer les avait attachés, après les avoir portées dans les enfers, reparaissent sur la terre, couverts de gloire parmi leurs semblables, et jouent un plus grand rôle que jamais dans la guerre qu'ils font aux enfants de Dieu. Ce sont eux que les autres appellent à leur secours, comme plus expérimentés et plus habiles, quand ils ont affaire à des âmes fortes et généreuses qui se rient de leurs vains efforts.

Tout démon chargé de la mission de perdre une âme ne s'occupe point des autres ; il n'en veut qu'à celle-là, et emploie tous ses soins à la faire pécher ou à troubler sa paix. Cependant, quand il l'a vaincue, il la pousse, autant qu'il peut, à tenter, à molester ou à scandaliser d'autres âmes.

Il y a d'autres démons du même chœur que ceux qui nous tentent, qui vivent au milieu de nous sans nous attaquer. Leur mission est de surveiller ceux qui nous tentent, et de les châtier chaque fois qu'ils ne réussissent pas à nous faire pécher.

Chaque fois qu'ils entendent prononcer dévotement le saint Nom de Jésus, ils se prosternent spirituellement, non de bon cœur, mais par force.

Françoise en vit une fois plusieurs en forme humaine, qui à ce Nom sacré qu'elle prononçait en conversant avec son confesseur, inclinèrent leur front avec un profond respect, jusque dans la poussière. Ce Nom sacré est pour eux un nouveau supplice, qui les fait souffrir d'autant plus cruellement, que la personne qui le prononce est plus avancée dans l'amour, et plus parfaite. Lorsque les impies profanent ce nom adorable, ces esprits réprouvés ne s'en attristent pas ; mais ils sont forcés de s'incliner, comme pour réparer l'injure qui Lui est faite. Ils en agissent de même lorsqu'on le prend en vain. Sans cette adoration forcée, ils seraient bien contents d'entendre blasphémer ce saint Nom.

Les bons anges, au contraire, en pareilles occasions, l'adorent profondément, le louent et le bénissent avec un amour incomparable. Lorsqu'il est prononcé avec un vrai sentiment de dévotion, ils lui rendent les mêmes hommages, mais avec un vif sentiment de joie.

Chaque fois que notre bienheureuse proférait ce très saint Nom, elle voyait son archange prendre un air extraordinairement joyeux, et s'incliner d'une manière si gracieuse, qu'elle en était tout embrasée d'amour.

Lorsque les âmes vivent dans l'habitude du péché mortel, les démons entrent en elles, et les dominent en plusieurs façons, qui varient selon la qualité et la quantité de leurs crimes ; mais quand elles reçoivent l'absolution avec un cœur contrit, ils perdent leur domination, délogent au plus vite, et se remettent auprès d'elles pour les tenter de nouveau ; mais leurs attaques sont moins vives, parce que la confession a diminué leurs forces. *Ici prend fin le **Traité de l'Enfer** de Sainte Françoise Romaine.*

Vous êtes invités, en lisant ce témoignage, à réfléchir sur ce que vous lu et à tirer un profit spirituel.

Chapitre III

LA VISION DE L'ENFER DE THÉRÈSE D'AVILA

Thérèse D'Avila (1515 - 1582)

Les saints craignent l'Enfer. Un siècle après le **Traité de l'Enfer** de Sainte Françoise romaine, voici un autre témoignage, celui de la grande réformatrice du Carmel, sainte Thérèse d'Avila. Le lecteur remarquera sans aucun doute la différence de style et la manière de communiquer une expérience spirituelle. Elle est bien différente du témoignage précédent.

Sainte Thérèse d'Avila au XV° siècle, se convertit définitivement grâce à une vision de l'Enfer. Comme vous le lirez dans ce récit, elle rapporte qu'un jour pendant son oraison, elle se trouva transportée en Enfer et avoue que le Seigneur lui fit voir la place que les démons lui avaient préparée en Enfer, si elle continuait ses infidélités.

A la suite de cette vision, elle conçut un tel effroi qu'un combat terrible s'ensuivit. Au terme de ce combat elle opta pour la vie religieuse comme étant pour elle la planche de salut. – Elle affirme elle-même que : « **Ce combat dura trois mois. C'était moins l'amour ce me semble, que la crainte servile qui me poussait à choisir cet état de vie.** »*Saint Thérèse d'Avila – sa vie. Chap.3).*

Le but de la présente publication est la suivante : si mes fautes me font oublier l'amour du Seigneur éternel, du moins que la crainte des peines de l'Enfer m'aide à ne pas tomber dans le péché. : Cette affaire si importante de notre propre salut devait nous occuper tout entier. Faisons donc tout ce qui dépend de nous, et ne cessons jamais de demander à cette fin le secours de la grâce.

Thérèse d'Avila, par la grâce de Dieu, a visité l'enfer et a raconté ce qu'elle a vu. Sa vision de l'enfer est effrayante et difficile à exprimer dans notre langage humain.

Ce récit est tiré du livre ***: Vision de l'enfer et fondation Saint José*** chap. 32.

"Déjà, depuis longtemps, Notre-Seigneur m'avait accordé la plupart des grâces dont j'ai parlé et d'autres encore fort insignes, lorsqu'un jour, étant en oraison, je me trouvai en un instant, sans savoir de quelle manière, transportée dans l'enfer. Je compris que Dieu voulait me faire voir la place que les démons m'y avaient préparée, et que j'avais méritée par mes péchés. Cela dura très peu; mais quand je vivrais encore de longues années, il me serait impossible d'en perdre le souvenir.

L'entrée de ce lieu de tourments me parut semblable à une de ces petites rues très longues et étroites, ou, pour mieux dire, à un four extrêmement bas, obscur, resserré. Le sol me semblait être une eau fangeuse, très sale, d'une odeur pestilentielle, et remplie de reptiles venimeux. A l'extrémité s'élevait une muraille, dans laquelle on avait creusé un réduit très étroit où je me vis enfermer. Tout ce qui, jusqu'à ce moment, avait frappé ma vue, et dont je n'ai tracé qu'une faible peinture, était délicieux en comparaison de ce que je sentis dans ce cachot. Nulle parole ne peut donner la moindre idée d'un tel tourment, il est incompréhensible. Je sentis dans mon âme un feu dont, faute de termes, je ne puis décrire la nature, et mon corps était en même temps en proie à d'intolérables douleurs. J'avais enduré de très cruelles souffrances dans ma vie, et, de l'aveu des médecins, les plus grandes que l'on puisse endurer ici-bas ; j'avais vu tous mes nerfs se contracter à l'époque où je perdis l'usage de mes membres ; en outre, j'avais été assaillie par divers maux dont quelques-uns, comme je l'ai dit, avaient le démon pour auteur. Tout cela, néanmoins, n'est rien en comparaison des douleurs que je sentis alors ; et ce qui y mettait le comble, c'était la vue qu'elles seraient sans interruption et sans fin.

Mais ces tortures du corps ne sont rien à leur tour auprès de l'agonie de l'âme. C'est une étreinte une angoisse, une douleur si sensible, c'est en même temps une si désespérée et si amère tristesse, que j'essaierais en vain de les dépeindre. Si je dis qu'on se sent continuellement arracher l'âme, c'est peu ; car dans ce cas, c'est une puissance étrangère qui semble ôter la vie, mais ici, c'est l'âme qui se déchire elle-même. Non, jamais je ne pourrai trouver d'expression pour donner une idée de ce feu intérieur et de ce désespoir, qui sont comme le comble de tant de douleurs et de tourments.

Je ne voyais pas qui me les faisait endurer, mais je me sentais brûler et comme hacher en mille morceaux : je ne crains pas de le dire, le supplice des supplices, c'est ce feu intérieur et ce désespoir de l'âme.

Toute espérance de consolation est éteinte dans ce pestilentiel séjour ; on ne peut ni s'asseoir ni se coucher, car l'espace manque dans cette sorte de trou pratiqué dans la muraille ; et les parois elles-mêmes, effroi des yeux, vous pressent de leurs poids. Là, tout vous étouffe ; point de lumière ; ce ne sont que ténèbres épaisses ; et cependant, ô mystère ! Sans qu'aucune clarté ne brille, on aperçoit tout ce qui peut être pénible à la vue.

Il ne plut pas à Notre-Seigneur de me donner alors une plus grande connaissance de l'enfer. Il m'a montré depuis, dans une autre vision, des choses épouvantables, des châtiments encore plus horribles à la vue, infligés à certains vices ; mais comme je n'en souffrais point la peine, mon effroi fut moindre.

Dans la première vision, au contraire, ce divin Maître voulut que j'éprouvasse véritablement ces tourments et cette peine dans mon esprit, comme si mon corps les eût soufferts. J'ignore la manière dont cela se passa, mais je compris bien que c'était une grâce insigne, et que le Seigneur avait voulu me faire voir, de mes propres yeux, de quel supplice sa miséricorde m'avait délivrée. Car tout ce qu'on peut entendre dire, de l'enfer, ce que j'en avais lu ou appris dans mes propres méditations, quoique j'aie assez rarement approfondi ce sujet, la voie de la crainte ne convenant pas à mon âme, tout ce que les livres nous disent des déchirements et des supplices divers que les démons font subir aux damnés, tout cela n'est rien auprès de la peine, d'un tout autre genre, dont j'ai parlé ; il y a entre l'un et l'autre la même différence qu'entre un portrait inanimé et une personne vivante ; et brûler en ce monde est très peu de chose, en comparaison de ce feu où l'on brûle dans l'autre.

Je demeurai épouvantée, et quoique six ans à peu près se soient écoulés depuis cette vision, je suis en cet instant saisie d'un tel effroi en l'écrivant, que mon sang se glace dans mes veines.

Au milieu des épreuves et des douleurs, j'évoque ce souvenir, et dès lors tout ce qu'on peut endurer ici-bas ne me semble plus rien, je trouve même que nous nous plaignons sans sujet. Je le répète, cette vision est à mes yeux une des plus grandes grâces que Dieu m'ait faites ; elle a contribué admirablement à m'enlever la crainte des tribulations et des contradictions de cette vie ; elle m'a donné du courage pour les souffrir ; enfin, elle a mis dans mon cœur la plus vive reconnaissance envers ce Dieu qui m'a délivrée, comme j'ai maintenant sujet de le croire, de maux si terribles et dont la durée doit être éternelle.

Depuis ce jour, encore une fois, tout me parait facile à supporter, en comparaison d'un seul instant à passer dans le supplice auquel je fus alors en proie. Je ne puis assez m'étonner de ce qu'ayant lu tant de fois des livres qui traitent des peines de l'enfer, j'étais si loin de m'enformer une idée juste, et de les craindre comme je l'aurais dû. A quoi pensais-je alors, et comment pouvais-je goûter quelque repos dans un genre de vie qui m'entraînait à un si effroyable abîme ? O mon Dieu, soyez-en éternellement béni ! Vous avez montré que vous m'aimiez beaucoup plus que je ne m'aime moi-même. Combien de fois m'avez-vous délivrée de cette prison si redoutable, et combien de fois n'y suis-je point rentrée contre votre volonté !

Cette vision a fait naître en moi une indicible douleur à la vue de tant d'âmes qui se perdent, et en particulier de ces luthériens que le baptême avait rendus membres de l'Église. Elle m'a donné en outre les plus ardents désirs de travailler à leur salut : pour arracher une âme à de si horribles supplices, je le sens, je serais prête à immoler mille fois ma vie. Je m'arrête souvent à cette pensée : nous sommes naturellement touchés de compassion quand nous voyons souffrir une personne qui nous est chère, et nous ne pouvons-nous empêcher de ressentir vivement sa douleur quand elle est grande.

Qui pourrait donc soutenir la vue d'une âme en proie pour une éternité à un tourment qui surpasse tous les tourments ? Quel cœur n'en serait déchiré ? Émus d'une commisération si grande pour des souffrances qui finiront avec la vie, que devons-nous sentir pour des douleurs sans terme ? Et pouvons-nous prendre un moment de repos, en voyant la perte éternelle de tant d'âmes que le démon entraîne chaque jour avec lui dans l'enfer ?

Je puise encore là un désir non moins ardent : c'est que l'affaire si importante de notre propre salut nous occupe tout entier. Non, point de réserve : faisons tout ce qui dépend de nous, et ne cessons de demander à cette fin le secours de la grâce.

Voici la réflexion que je fais : Toute méchante que j'étais, j'avais quelque soin de servir Dieu ; j'évitais certaines fautes que l'on compte pour rien dans le monde ; Notre-Seigneur me faisait aussi la grâce de supporter de grandes maladies avec une inaltérable patience ; je n'étais portée ni à murmurer ni à médire ; il m'aurait été, ce me semble, impossible de vouloir du mal à qui que ce fût ; je n'étais point travaillée par la convoitise ; mon cœur ne connaissait pas l'envie, ou s'il en éprouva quelque atteinte, jamais du moins je ne me sentis coupable en cela d'aucune faute grave ; il y avait en moi quelques autres dispositions à la vertu ; enfin, quoique très misérable, j'avais presque toujours devant les yeux la crainte du Seigneur ; malgré tout cela, j'ai vu la triste demeure que les démons m'avaient préparée ; et si le supplice que j'endurai fut terrible, il me semble, en vérité, que par mes fautes j'en avais mérité un plus grand. N'ai-je donc pas raison de dire qu'il est dangereux de croire qu'on fait assez pour le service de Dieu ? Comment surtout une âme qui, à chaque pas, tombe en péché mortel, peut-elle goûter un seul moment de repos et de bonheur ? Pour l'amour de Dieu, qu'elle se hâte de fuir les occasions, et ce Dieu de bonté ne manquera pas de venir à son secours, comme il l'a fait mon égard. Plaise au Seigneur de me soutenir désormais, afin que je ne tombe plus ! car j'ai vu où mes chutes me feraient descendre. Qu'il me préserve d'un tel malheur, je l'en conjure au nom de sa bonté infinie ! Amen."

Comme troisième témoin, voici sainte Véronique Giuliani, un siècle après la sainte du Carmel. Sainte Véronique aura elle aussi des visions des âmes qui tombaient en Enfer, elle décrira les différents supplices que subissent les damnés

Chapitre IV

Sainte Véronique Giuliani (1660-1727)

Sainte Véronique Giuliani, à la suite de Françoise romaine eut elle aussi des visions mémorables de l'Enfer, en voici quelques extraits.

Véronique Giuliani est née en 1660, elle entra chez les Clarisses à l'âge de dix sept ans et à vingt huit ans elle devient maitresse des novices. Elle reçut les stigmates de notre Seigneur Jésus à trente-sept ans. Elle sera élue abbesse à l'âge de cinquante ans. Elle reçut du Seigneur d'innombrables grâces dont ses visions de l'enfer.

La vision de l'enfer de Sainte Véronique Giuliani (1660-1727)

Le 14 février 1694, elle vit l'enfer ouvert : beaucoup d'âmes y tombaient, qui étaient si vilaines et si noires, qu'elles étaient effrayantes à voir; elles se précipitaient l'une derrière l'autre et disparaissaient au milieu des flammes. Du milieu du feu qui les engloutissait s'élevaient des couteaux, des rasoirs et des instruments de supplices de diverses sortes, qui retombaient ensuite de tout leur poids pour accabler ces malheureux.

La Sainte demanda au Seigneur si, parmi les âmes qu'elle avait vu tomber, se trouvait quelque religieux ou religieuse. Et le Seigneur lui fit connaitre que, parmi ces âmes choisies, il en était qui y étaient précipitées et qui l'avaient bien mérité, pour n'avoir pas tenu tout ce qu'elles avaient promis, et pour s'être rendues coupables de tant de violations de leurs règles.

Le 1er avril 1696, Sainte Véronique fut conduite à la bouche de l'enfer. Elle entendit les cris et les blasphèmes des damnés, mais ne remarqua d'abord que ténèbres et puanteur horrible; le feu était noir et épais. Elle vit ensuite beaucoup de démons qui étaient comme vêtus de feu et qui s'animaient à frapper; on lui apprit qu'ils frappaient les damnés.

Le 5 décembre de la même année, elle eut une vision semblable. En même temps, Notre Seigneur se montra à elle flagellé, couronné d'épines et portant une lourde croix. Il lui dit : « ***Regarde bien ce lieu qui n'aura jamais de fin. Là s'exercent ma justice et mon terrible courroux.*** »

Le 30 juin 1697, il fut dit à la Sainte qu'elle allait passer par de nouvelles souffrances. Ce fut comme une participation aux supplices de l'enfer qu'elle endura pendant une heure à plusieurs reprises. Ce jour-là, elle se sentit placée dans une fournaise ardente et elle éprouva des peines atroces, comme des lances qui la perçaient, de fers qui la brulaient, du plomb bouillant qui lui était versé sur tout le corps.

Le 1er juillet, au matin, elle se retrouva dans ce lieu d'effroi; elle se voyait comme abandonnée de Dieu, incapable de se recommander ni au Seigneur ni aux Saints; non pas qu'elle n'eut pas la pensée de Dieu, tout au contraire, mais elle le voyait sans miséricorde et n'étant que justice.

Le 4 juillet, l'enfer lui parut si vaste que toute la machine du monde, dit-elle, ne serait rien en comparaison. Elle y vit une roue, une meule, d'une grandeur démesurée, qui, à chaque instant, tombait sur les damnés, puis se soulevait pour retomber encore.

Le 16 juillet, elle sentit tous les os broyés par des roues qui tournaient tout autour d'elle. *En même temps, elle eut le sentiment de la perte de Dieu*, peine si atroce, dit-elle, qu'on ne la peut expliquer. Tous les autres tourments paraissent peu de chose auprès de celui-ci.

Le 19 juillet, pendant ce qu'elle appelait l'heure d'éternité, elle se sentit tantôt piqué avec des épingles et des aiguilles, tantôt brulée par des plaques enflammées, et tantôt déchirée dans ses chairs par des instruments tranchants.

Le 6 février 1703, son confesseur lui avait demandé de prier pour la ville où elle demeurait, le Seigneur lui fit voir comme un immense incendie, qui dévorait la cité; beaucoup de personnes allaient se jeter dans les flammes, *d'autres sur le point de s'y jeter, retournaient en arrière.*

Il fut révélé à la Sainte que ces flammes représentaient *le péché d'impureté auquel se livraient un trop grand nombre de ses concitoyens;* mais d'autres, violemment tentés, savaient y résisté. **Et le Seigneur lui dit:** « Dis à celui qui tient ma place, à ton confesseur qui t'a ordonné de me demander en quoi je suis le plus offensé, que je suis offensé de toutes manières, *mais particulièrement de la chair.*

Il y a aussi parmi ce peuple des inimitiés qui m'offensent grandement, et beaucoup d'âmes vont à l'enfer pour l'éternité. »

Le 27 janvier 1718, Marie, apparaissant à sainte Véronique, appela les deux anges qui lui servaient de gardiens et leur ordonna de la conduire en esprit en enfer; elle la bénit et lui dit : « *Ma fille, ne crains pas, j'irai avec toi et je t'aiderai.* »

Soudain, raconte la sainte, je me trouvai dans un lieu obscur, profond et puant, j'y entendis des beuglements de taureaux, des braiements d'ânes, des mugissements de lions, des sifflements de serpents, toutes sortes de voix confuses et effrayantes et de grands roulements de tonnerre qui remplissaient de terreur.

J'y vis des éclairs et une fumée forte épaisse. J'aperçus une grande montagne toute couverte de serpents, de vipères et de basilics tout entrelacés et en nombre incalculable. Entendant sortir d'au-dessous d'eux des malédictions et des voix affreuses, je demandai à mes anges quelles étaient ces voix; *ils me répondirent que là se trouvaient beaucoup d'âmes dans les tourments.* En effet, cette grande montagne s'ouvrit tout à coup, et je la vis toute remplie d'âmes et de démons. Ces âmes étaient toutes attachées ensemble, ne formant qu'une masse; les démons les tenaient ainsi liées à eux-mêmes par des chaînes de feu; *chacune des âmes avait plusieurs démons autour d'elle.*

De là, je fus transportée à une autre montagne, où se trouvaient des taureaux et des chevaux furieux qui mordaient comme des chiens enragés. Le feu leur sortait des yeux, de la bouche et des naseaux, leurs dents semblaient des lances très aiguës et des épées tranchantes, réduisant en miettes en un instant tout ce qu'ils saisissaient. Je compris qu'ils mordaient et dévoraient les âmes.

Je vis d'autres montagnes où s'exerçaient des tourments plus cruels, mais il m'est impossible de les décrire. Au centre de ce séjour infernal, s'élève un trône très haut; au milieu de ce trône, il y a un siège formé des démons qui sont les chefs et les princes. Là siège Lucifer, épouvantable, horrible. O Dieu! Quelle affreuse figure!

Il surpasse en horreur tous les autres démons. Il paraît avoir une tête formée de cent têtes et pleine de lances, au bout desquelles il y a comme un œil qui projette des flèches enflammées qui brûlent tout l'enfer. Bien que le nombre des démons et damnés soit incalculable, tous voient cette tête horrible et reçoivent tourments sur tourments de ce même Lucifer.

Il les voit tous et tous le voient. Ici, mes anges me firent comprendre que, de même qu'au ciel la vue de Dieu rend heureux tous les élus, ainsi en enfer l'affreuse figure de Lucifer, ce monstre infernal, est un tourment pour tous les damnés.

Leur plus grande peine est d'avoir perdu Dieu. Cette peine, Lucifer la ressent le premier et tous y participent. Il blasphème et tous blasphèment; il maudit et tous maudissent; il souffre et il est torturé et tous souffrent et sont torturés.

A ce moment, mes anges me firent remarquer le coussin qui était le siège de Lucifer et sur lequel il était assis : c'était l'âme de Judas. Sous les pieds de Lucifer, il y avait un coussin bien grand, tout déchiré et couvert de signes; on me fit comprendre que c'était des âmes de religieux.

Alors le trône fut ouvert et, au milieu des démons, qui se tenaient sous le siège, je vis un grand nombre d'âmes.

Quelles sont celles-ci? Demandais-je à un des anges. ***Ils me dirent que c'étaient des prélats, des dignitaires de l'Église, des supérieurs d'âmes consacrées à Dieu.***

Je crois que si je n'avais été accompagnée de mes anges et aussi, je pense, invisiblement fortifiée par ma bonne Mère, je serais morte d'épouvante. Tout ce que j'en dis n'est rien et tout ce que j'ai entendu dire aux prédicateurs n'est rien auprès de ce que j'ai vu. *(D'après le Diario ou Journal de la Sainte.)*

Note : Vision de l'Enfer du Vénérable Bernard-François de Hoyos. S.J. (1730)

Ajoutons ici la vision de Bernard François de Hoyos, né le 21 août 1711 à Torrelobaton, près de Valladolid(Espagne) et décédé le 29 novembre 1735 à Valladolid, était un prêtre jésuite espagnol, mystique et promoteur de la dévotion au Sacré-Cœur de Jésus. Béatifié le 18 avril 2010. Bernard François de Hoyos est contemporain de Sainte Véronique Giuliani.

« Le 9 janvier 1730 ; le Vénérable Bernard François, pendant qu'il faisait les Exercices spirituels, eut une vision terrible. Sur l'ordre de Dieu, son Ange gardien le conduisit jusqu'au bord de l'abîme infernal.
« Je vis dit-il, une immense étendue de feu ; certains damnés, poussés par la rage, sortaient hors des flammes, mais y retombaient aussitôt, précipités par les démons et entrainés vers l'abîme.
« Alors je vis quels étaient les châtiments particuliers des impudiques, des avares, des haineux, etc... Epouvanté par la vue de ces monstres, étourdis par leurs blasphèmes, je détournai mes regards...
Ayant parcouru un grand espace, mon Ange me dit : « Viens et vois et écris ce que tu verras. »
« Alors le sentier que je suivais s'ouvrit, et je vis une cavité plus horrible que la première. Là se tenaient des prêtres indignes, coupables de sacrilèges. Ces misérables souffraient plus que les autres damnés. Ils étaient tourmentés surtout dans les parties de leurs corps qui avaient touché l'Hostie consacrée : leurs mains étaient comme des charbons ardents ; leurs langues étaient déchirées en pendantes ; leur cœur était dévoré par un feu intense et en proie à d'affreuses douleurs...

Chapitre V

Josefa Menendez (1890-1923)

Josefa Menéndez (1890-1923) est une religieuse espagnole qui a vécu en France presque quatre années (du 5 février 1920 à sa mort le 29 décembre 1923). Très grande mystique, elle a reçu des quantités de messages de Jésus, messages d'une grande simplicité. Elle les a regroupés dans son livre "**Un appel à l'Amour**" (béni par le futur pape Pie XII).

NB : Il est important de bien saisir le but des Ecrits de Sœur Josefa Menendez. Ces écrits sont destinés à ceux et celles qui sont encore en chemin, pour leur éviter de faire le mauvais choix.

La Vierge le 25 octobre 1922 lui dit ceci : « *Tout ce qu'Il permet que tu voies ou que tu souffres des peines de l'Enfer, c'est... pour que tu le fasses savoir à tes Mères sans penser à toi, mais uniquement à la Gloire du Cœur de Jésus et au salut de beaucoup d'âmes.* »
Biographie de Soeur Josefa chap V–« l'Entrée dans les ténèbres de l'Au-delà »

«Instantanément, je me trouvai en Enfer, mais sans y être traînée comme les autres fois, et vraiment comme y tombent les damnés.

«L'âme s'y précipite d'elle-même, comme si elle désirait disparaître de la vue de Dieu pour pouvoir Le haïr, et Le maudire.

«J'ai vu quelques-unes de ces âmes damnées qui rugissaient à cause de l'éternel supplice qu'elles savaient devoir subir, **spécialement dans leurs mains.** Je pense qu'elles avaient volé, puisqu'elles disaient: «maudites mains! Pourquoi cette ambition de voler, puisque je ne pouvais garder ce bien que quelques jours. Où est maintenant ce que tu as pris? ... maudites mains ...

«D'autres âmes accusaient leur langue, leurs yeux ... Chacune, ce qui avait été cause de son péché: «Nous voilà bien récompensées maintenant, **ô mon corps, des plaisirs que je t'ai accordés ...** Et c'est toi, ô corps, qui l'a voulu ... Pour un instant de plaisir, une éternité de douleur.» «Il me semble qu'en Enfer les âmes s'accusent spécialement des péchés d'impureté.

Beaucoup d'âmes accusaient les autres d'être la cause de leur malheur. Pendant que j'étais dans cet abîme, j'y ai vu précipiter des mondains et on ne saurait dire ni comprendre les cris qu'ils proféraient et les rugissements épouvantables qu'ils vomissaient: Malédiction éternelle ... Je me suis donc trompé ... Je me suis perdu ... Je suis ici pour toujours ... Pour toujours ... et il n'y a plus de remède ... Maudit que je suis! «Une jeune fille hurlait de désespoir en lançant des imprécations contre les satisfactions défendues qu'elle avait accordées à son corps et elle maudissait ses parents qui lui avaient laissé trop de liberté pour suivre la mode et les divertissements mondains. Elle était damnée depuis trois mois.

...« Une des âmes damnées criait : « Voilà mon tourment : vouloir aimer, et ne plus pouvoir le faire. Il ne me reste que haine et désespoir. Oh! Si je pouvais, une seule fois, faire un acte d'amour, ce ne serait plus l'enfer. Mais je ne le puis. Le plus grand tourment, ici c'est de ne pouvoir aimer Celui que nous haïssons éternellement.

«Tout ce que j'ai écrit, concluait Joséfa, n'est qu'une ombre en comparaison de ce qu'on souffre en Enfer».

La jalousie diabolique. Il y a un Enfer ... Les démons y entraînent les âmes, et par haine pour Dieu, et par jalousie à l'égard des hommes, ils travaillent sans relâche à peupler l'éternel abîme. Dieu a mis les hommes sur terre à l'état d'épreuve pour qu'ils puissent mériter la récompense éternelle. Il leur a donné deux grands commandements: Aimer Dieu de tout leur coeur et le prochain comme eux-mêmes. Chaque homme est doué de liberté et il peut obéir à son Créateur ou lui désobéir. Malheur à lui s'il vient à abuser du don de sa liberté. Les démons ne peuvent pas violenter la liberté de l'homme, mais ils essaient, au moyen d'attractions mauvaises, d'incliner sa volonté vers le mal.

« Le démon criait, « Maintenant, le monde est pour moi! Je sais le meilleur moyen de saisir les âmes : c'est d'exciter en elles le désir de jouir! Surtout pas d'humilité ! Jouir, voilà ce qui m'assure la victoire !

« Non ! ... moi la première... moi avant tout!... surtout pas d'humilité, mais jouir! voilà ce qui m'assure la victoire, ce qui les fait tomber ici en abondance ! » (4 octobre 1922.)

« J'entendis le démon, auquel une âme venait d'échapper, forcé de confesser son impuissance: « - Confusion! Confusion!... comment tant d'âmes s'échappent- elles? Elles étaient miennes!... (et il énumérait leurs péchés....) Je travaille sans repos et cependant elles m'échappent.... C'est qu'il y a quelqu'un qui souffre et répare pour elles! » (15 janvier 1922.)

« Cette nuit, je n'ai pas été en enfer, mais j'ai été transportée dans un lieu où il n'y avait aucune lumière, mais au centre, une sorte de feu ardent et rouge. Je fus étendue et liée sans pouvoir faire un seul mouvement. Tout autour de moi, se tenaient sept ou huit personnages sans vêtements et dont les corps noirs étaient éclairés par les seuls reflets du feu, ils étaient assis et parlaient.

« L'un disait: « Il faut prendre grande précaution afin que l'on ne connaisse pas notre main, car facilement nous sommes découverts.»

« Le démon répondait: « Vous pouvez entrer par le sentiment de l'indifférence... oui, je crois que ceux-ci, vous pouvez, en vous dissimulant afin qu'ils ne s'en aperçoivent pas, les rendre indifférents au bien et au mal et, peu à peu, incliner leur volonté vers le mal. Les autres, tentez-les d'ambition, qu'ils ne cherchent plus que leur intérêt... que l'accroissement de leur fortune, sans s'inquiéter si c'est licitement ou non.

Ceux-là excitez en eux l'amour du plaisir, la sensualité, Qu'ils s'aveuglent dans le vice! (Ici, il disait des paroles obscènes.)

« Ces autres encore!... entrez par le coeur... vous savez où s'inclinent ces coeurs... allez... allez ferme... qu'ils aiment! qu'ils se passionnent!... Faites bien votre travail, sans repos, sans pitié, il faut perdre le monde... et que ces âmes ne m'échappent pas! »

« Et les autres répondaient de temps à autre: « - Nous sommes tes esclaves... nous travaillerons sans repos. Oui, beaucoup nous font la guerre, Mais nous travaillerons nuit et jour sans arrêt. Nous reconnaissons ta puissance, etc...»

« Ainsi, tous parlaient et celui qui, je crois, est le démon, disait des paroles horribles.

J'entendis dans le lointain comme un bruit de coupes ou de verres et il criait:

« - Laissez-les se gaver!... ensuite tout nous sera facile.... Qu'ils terminent leur banquet, eux qui aiment tant jouir!... C'est la porte par où vous entrerez.»

« Il ajouta des choses si affreuses qu'elles ne se peuvent ni dire ni écrire. Ensuite, comme s'engouffrant dans la fumée, ils disparurent.» (3 février 1922.)

« Le démon criait avec rage parce qu'une âme lui échappait: « - Excitez en elle la crainte ! Désespérez-la. Ah ! si elle se confie ***en la Miséricorde de ce...*** (*et il blasphémait Notre Seigneur*), je suis perdu! Mais non! Remplissez-la de crainte, ne la laissez pas un instant et surtout désespérez-la.»

« Alors, l'enfer se remplit d'un seul cri de rage, et, quand le démon me jeta hors de cet abîme, il continua à me menacer. Il disait entre autres choses: « Est-ce possible?... serait-ce vrai que de faibles créatures aient plus de pouvoir que moi qui suis si puissant! Mais je me cacherai pour passer inaperçu... le plus petit coin me suffit pour y placer la tentation: derrière une oreille, dans les feuillets d'un livre, sous un lit...

quelques-unes ne font pas cas de moi, mais moi, je parle... je parle... et à force de parler, quelques mots restent.... Oui, je me cacherai là où l'on ne me découvrira pas ! » (7 - 8 février 1922.)

Josefa note encore en revenant de l'enfer: « J'ai vu tomber plusieurs âmes. Parmi elles, une enfant de quinze ans qui maudissait ses parents parce qu'ils ne lui avaient pas enseigné la crainte de Dieu ni appris qu'il y a un enfer! Elle disait que sa vie, quoique si courte, avait été pleine de péchés, car elle s'était accordée toutes les satisfactions que son corps et ses passions exigeaient d'elle. Elle s'accusait surtout d'avoir lu de mauvais livres....» (22 mars 1923.)

Elle écrit encore: « ...Des âmes maudissaient la vocation qu'elles avaient reçue et à laquelle elles n'avaient pas correspondu... la vocation qu'elles avaient perdue parce qu'elles n'avaient pas voulu vivre inconnue et mortifiées....» (18 mars 1922.)

« Une fois où j'ai été en enfer, j'ai vu beaucoup de prêtres, de religieux, de religieuses qui maudissaient leurs Vœux, leur Ordre, leurs Supérieurs, et tout ce qui aurait pu leur donner la lumière et la grâce qu'ils ont perdues....

J'ai vu aussi des prélats.... L'un s'accusait lui-même d'avoir usé illégitimement de biens qui n'étaient pas à lui...» (28 septembre 1922.)

« Des prêtres maudissaient leur langue qui a consacré, leurs doigts qui ont tenu Notre-Seigneur, les absolutions qu'ils ont données sans savoir se sauver eux-mêmes, l'occasion qui les a fait tomber en enfer....» (6 avril 1922.)

« Un prêtre disait: « J'ai mangé le venin, je me suis servi de l'argent qui ne m'appartenait pas...» et il s'accusait d'avoir usé de l'argent donné pour des messes sans les dire.» - « Un autre disait qu'il appartenait à une Société secrète dans laquelle il avait trahi l'Eglise et la religion et que, pour de l'argent, il avait facilité d'horribles profanations et sacrilèges.»

« Un autre disait qu'il s'était damné pour avoir assisté à des spectacles profanes après lesquels il n'aurait pas dû célébrer la messe... et qu'il avait ainsi vécu près de sept ans....»

Josefa notait que la plupart des âmes religieuses plongées dans l'abîme s'accusaient de péchés affreux contre la chasteté... de péchés contre le Vœu de Pauvreté... d'usages illégitimes des biens de la Communauté... de passions contre la Charité *(jalousie, rancune, haine)*, etc...», de relâchement et de tiédeur... de commodités qu'elles s'étaient accordées et qui les avaient entraînées à des fautes plus graves... de mauvaises confessions par respect humain, manque de courage et de sincérité, etc....)

Voici, enfin, le texte complet des notes de Sœur Josefa sur « **l'enfer des âmes consacrées** ». *(Voir biographie, chap. VII, 4 septembre 1922.)*

La méditation de ce jour était sur le jugement particulier de l'âme religieuse. Mon âme ne pouvait se séparer de cette pensée malgré l'oppression qu'elle éprouvait. Soudain, je me sentis liée et accablée d'un tel poids, qu'en un instant, je connus avec plus de clarté que jamais, ce qu'est la Sainteté de Dieu et comme Il abhorre le péché.

« Je vis en un éclair toute ma vie devant moi depuis ma première confession jusqu'à ce jour. Tout était présent: mes péchés, les grâces que j'ai reçues, le jour de mon entrée en religion, ma Prise d'Habit, mes Voeux, les lectures, les exercices, les conseils, les paroles, tous les secours de la vie religieuse. Il n'y a pas d'expression qui puisse dire la confusion terrible que l'âme éprouve en ce moment: « Maintenant, tout est inutile, je me suis perdue pour toujours! »

Comme dans les descentes précédentes en enfer, Josefa n'accuse aucun péché en elle qui ait pu la conduire à un tel malheur, Notre- Seigneur veut seulement qu'elle en éprouve les conséquences comme si elle-même les avait méritées.

Elle poursuit:« Instantanément, je me trouvai en enfer, mais sans y être traînée comme les autres fois. L'âme s'y précipite d'elle-même, s'y jette comme si elle désirait disparaître de la vue de Dieu pour pouvoir Le haïr et Le maudire !

« Mon âme se laissa tomber dans un abîme dont le fond ne peut pas se voir, car il est immense! Aussitôt, j'entendis d'autres âmes se réjouir en me voyant dans ces mêmes tourments. Déjà, c'est un martyre d'entendre ces cris horribles, mais je crois que rien n'est comparable en douleur à la soif de malédiction qui saisit l'âme, et plus on maudit, plus s'accroît cette soif! Je n'avais jamais éprouvé cela.

Autrefois, mon âme était saisie de douleur en face de ces terribles blasphèmes, bien qu'elle-même ne pût produire aucun acte d'amour. Mais aujourd'hui, c'était tout le contraire!

« J'ai vu l'enfer comme toujours, les longs corridors, les cavités, le feu... j'ai entendu les mêmes âmes crier et blasphémer, car - je l'ai déjà écrit plusieurs fois - bien qu'on ne voie pas de formes corporelles, les tourments se sentent comme si les corps étaient présents et les âmes se reconnaissent. Elles criaient: « Holà! te voilà ici ! ... Toi comme nous ! nous étions libres de faire ou non ces Voeux!... mais maintenant ! ...» Et elles maudissaient leurs Voeux.

« Alors je fus poussée dans cette niche enflammée et pressée comme entre des planches brûlantes, et comme si des fers et des pointes rougies au feu s'enfonçaient dans mon corps.»

Ici, Josefa redit les tourments multiples dont pas un membre n'est exclu:

« J'ai senti comme si on voulait, sans pouvoir y arriver, m'arracher la langue, ce qui me réduisait à l'extrémité dans une douleur atroce, les yeux semblent sortir de l'orbite, je crois que c'est à cause du feu qui les brûle tellement! il n'y a pas jusqu'à un seul ongle qui ne souffre un horrible tourment. On ne peut même pas remuer un doigt pour chercher quelque soulagement, ni changer de position, le corps est comme aplati et replié en deux. Les oreilles sont accablées par ces cris de confusion qui ne cessent pas un seul instant. Une odeur nauséabonde et répugnante asphyxie et envahit tout, c'est comme de la chair en putréfaction qui brûle avec de la poix, du soufre... un mélange qui ne peut se comparer à rien au monde.

« Tout cela, je l'ai senti comme les autres fois et bien que ces tourments soient terribles, ce ne serait rien si l'âme ne souffrait pas. Mais elle souffre d'une manière qui ne se peut dire.

Jusqu'à présent, quand je descendais en enfer, j'avais une intense douleur parce que je croyais être sortie de la religion et damnée pour cette cause. Mais cette fois, non. J'étais en enfer avec un signe spécial de religieuse, celui d'une âme qui a connu et aimé son Dieu, et je voyais d'autres âmes de religieux et de religieuses qui portaient ce même signe. Je ne saurai pas dire à quoi il se reconnaît, peut-être à ce que les autres damnés et les démons les insultent d'une façon spéciale... beaucoup de prêtres aussi! Je ne puis expliquer ce qu'a été cette souffrance, très différente de celle que j'ai éprouvée d'autres fois, car si le tourment d'une âme du monde est terrible, il n'est rien cependant à côté de celui d'une âme religieuse. **Sans cesser un instant, ces trois mots: Pauvreté, chasteté, obéissance s'impriment dans l'âme comme un remords poignant.**» -

« **Pauvreté!** Tu étais libre et tu as promis! Pourquoi alors te procurais-tu ce bien-être? - Pourquoi restais-tu attachée à cet objet qui n'était pas à toi? - Pourquoi donnais-tu cette commodité à ton corps? - Pourquoi prenais-tu cette liberté de disposer des choses qui étaient le bien de la Communauté? - Ne savais-tu pas que tu n'avais plus aucun droit de posséder? Que tu y avais renoncé toi-même librement? - Pourquoi ces murmures quand quelque chose te manquait ou qu'il te semblait être traitée moins bien que d'autres?... Pourquoi?

« **- Chasteté!** Toi-même tu en as fait le Vœu, librement et en pleine connaissance de ce qu'il exigeait.... Toi-même tu t'es obligée... toi-même tu l'as voulu.... Et après, comment l'as-tu gardé?... Pourquoi alors n'être pas restée là où tu pouvais t'accorder jouissances et plaisirs? »

« Et l'âme répond sans cesse dans une torture inexprimable: - Oui, j'ai fait ce Voeu et j'étais libre... j'aurais pu ne pas le faire, mais moi-même je l'ai fait et j'étais libre ! ...»

« Il n'y a pas de parole qui puisse exprimer le martyre de ce remords » - écrit Josefa - joint aux insultes des autres damnés! » Et elle poursuit:
« **- Obéissance!** Toi-même tu t'es obligée à obéir à ta Règle, à tes Supérieurs librement. Alors pourquoi jugeais-tu ce qu'on t'ordonnait? - Pourquoi désobéissais-tu à la voix du règlement? - Pourquoi te dispensais-tu de cette obligation de la vie commune?... Rappelle-toi la suavité de ta Règle... et tu n'en as pas voulu !... Et maintenant, rugissent les voix infernales, tu dois nous obéir à nous, et non pour un jour, non pour un an, non pour un siècle... mais pour toujours... pour l'éternité!... C'est toi qui l'as voulu: tu étais libre! »

L'âme se souvient sans cesse qu'elle avait choisi son Dieu pour Époux et qu'elle L'aimait au-dessus de tout... que pour Lui elle avait renoncé aux plaisirs les plus légitimes et à tout ce qu'elle avait de plus cher au monde, qu'au début de sa vie religieuse elle avait goûté les douceurs, la force et la pureté de cet Amour divin, et maintenant, pour une passion désordonnée... elle doit haïr éternellement ce Dieu qui l'avait élue pour L'aimer!
« Cette nécessité de haïr est une soif qui la consume.... Pas un souvenir qui puisse lui donner le plus léger soulagement....

« Un de ses tourments les plus grands - ajoute-t-elle - c'est la honte qui l'enveloppe. Il semble que toutes les damnées qui l'entourent lui crient sans cesse: « - Que nous nous soyons perdues, nous qui n'avions pas les mêmes secours que toi, quoi d'extraordinaire?... Mais toi ! que te manquait-il ? Toi qui vivais dans le Palais du Roi... toi qui mangeais à la Table des choisis....»

« Tout ce que j'écris - conclut-elle - n'est rien qu'une ombre à côté de ce que l'âme souffre, car il n'y a pas de mots qui puissent expliquer un semblable tourment.» (4 septembre 1922)

« Soeur Josepha Menendez, ***Un appel à l'amour, « l'entrée dans les ténèbres de l'Au-delà »***

Chapitre VI

L'Enfer selon l'expérience de sœur Faustine.

Sainte Faustine est née le 25 août 1905 dans le village de Glogowiec dans les environs de Lodz, en Pologne. Elle était le troisième des dix enfants nés de Marianne et Stanislas Kowalski et reçut au baptême le prénom d'Hélène.
Dès son enfance elle avait le goût de la prière. A la maison elle travaillait dur, toujours soumise à ses parents et pleine de compassion pour les pauvres. Son éducation à l'école n'a duré que trois ans, faute de moyens financiers. Adolescente, elle est devenue servante dans une famille bourgeoise, en ville. A l'âge de 20 ans elle est entrée chez les soeurs de Notre-Dame de la Miséricorde et reçut, à la prise d'habit, le nom de soeur Marie Faustine. Elle ne vécut que 13 ans dans la Congrégation de Notre-Dame de la Miséricorde en remplissant les modestes charges de cuisinière, jardinière et soeur portière.

Sa vie apparemment très simple cachait une vie très simple cachait une richesse d'union à Dieu. Depuis sa prime enfance soeur Faustine désirait devenir une grande sainte. Elle collaborait avec la grâce de Jésus dans l'oeuvre du salut des âmes des pécheurs, jusqu'à donner sa vie en holocauste pour eux. Sa vie de religieuse était donc imprégnée de souffrances, mais aussi de grâces extraordinaires, des grâces mystiques.

Elle sera choisie par le Christ pour être l'apôtre de la Miséricorde avec une triple mission.

- *rappeler une vérité fondamentale de notre foi, révélée dans les Ecritures Saintes, à savoir que Dieu aime chaque personne d'un Amour Miséricordieux, même le plus grand pécheur.*
- *transmettre des formes nouvelles du culte de la Miséricorde Divine.*
- *inspirer un grand mouvement d'apôtres zélés de la Miséricorde Divine, mouvement qui a pour but de faire renaître la foi des fidèles dans l'esprit de la dévotion, c'est-à-dire dans une confiance évangélique d'enfance spirituelle en Dieu et dans l'Amour du prochain.*

Sœur Faustine, le corps ravagé par la tuberculose et par les souffrances offertes pour la conversion des pécheurs, est morte en odeur de sainteté le 5 octobre 1938 à Cracovie, à peine âgée de 33 ans. Elle fut canonisée par le Pape Jean Paul II en 2000.

A) Sainte Faustine nous a laissé des écrits dans son « Petit Journal » et c'est là que se trouve ce témoignage que nous publions ici.

B)

« Aujourd'hui j'ai été dans les gouffres de l'enfer, introduite par un ange. C'est un lieu de grands supplices, et son étendue est terriblement grande. Genres de supplices que j'ai vus : le premier supplice qui fait l'enfer c'est la perte de Dieu ; le deuxième - les perpétuels remords ; le troisième - le sort des damnés ne changera jamais ; le quatrième supplice - c'est le feu qui va pénétrer l'âme sans la détruire, c'est un terrible supplice, car c'est un feu purement spirituel, allumé par la colère de Dieu ; le cinquième supplice - ce sont les ténèbres continuelles, une terrible odeur étouffante et malgré les ténèbres, les démons et les âmes damnées se voient mutuellement et voient tout le mal des autres et le leur ; le sixième supplice - c'est la continuelle compagnie de Satan ; le septième supplice - le désespoir terrible, la haine de Dieu, les malédictions, les blasphèmes. Ce sont des supplices que tous les damnés souffrent ensemble, mais ce n'est pas la fin des supplices. Il y a des supplices qui sont destinés aux âmes en particulier, ce sont les souffrances des sens. Chaque âme est tourmentée d'une façon terrible et indescriptible par ce en quoi ont consisté ses péchés. Il y a de terribles cachots, des gouffres de tortures où chaque supplice diffère de l'autre ; je serais morte à la vue de ces terribles souffrances, si la toute-puissance de Dieu ne m'avait soutenue. Que chaque pécheur sache : il sera torturé durant toute l'éternité par les sens qu'il a employés pour pécher. J'écris cela sur l'ordre de Dieu pour qu'aucune âme ne puisse s'excuser disant qu'il n'y a pas d'enfer, ou que personne n'y a été et ne sait comment c'est.

Moi, Sœur Faustine, par ordre de Dieu, j'ai été dans les gouffres de l'enfer, pour en parler aux âmes et témoigner que l'enfer existe. Je ne peux en parler maintenant, j'ai l'ordre de Dieu de le laisser par écrit. Les démons ressentaient une grande haine envers moi, mais l'ordre de Dieu les obligeait à m'obéir.

Ce que j'ai écrit est un faible reflet des choses que j'ai vues. J'ai remarqué une chose : qu'il y a là-bas beaucoup d'âmes qui doutaient que l'enfer existe. Quand je suis revenue à moi, je ne pouvais pas apaiser ma terreur de ce que les âmes y souffrent si terriblement, c'est pourquoi je prie encore plus ardemment pour la conversion des pécheurs, sans cesse j'appelle la miséricorde divine sur eux. Ô mon Jésus, je préfère agoniser jusqu'à la fin du monde dans les plus grands supplices que de T'offenser par le moindre péché. » (PJ 741). (PJ 20).*N.B. : PJ = Petit Journal (de Sainte-Faustine Kowalska, apôtre de la Miséricorde du Seigneur).*

C)Fatima 13 Juillet 1917 : Une vision de l'Enfer Il y a exactement cent ans !

Le 13 juillet 1917, quatre à cinq mille personnes s'étaient déplacées à la Cova da Iria. Tous récitaient le chapelet ; puis lorsqu'il fut terminé, Lucie regarda vers le levant et dit : « Notre-Dame arrive ! » La lumière du jour diminua, comme au moment d'une éclipse ; la température, qui était très chaude, diminua ; la teinte de la lumière se modifia, devenant jaune d'or. Il se forma alors, autour des trois petits voyants, une nuée blanchâtre très agréable à voir.

Quelques instants plus tard, la petite Jacinta, voyant que sa cousine regardait "La Notre-Dame" sans oser lui parler, dit : "Parle-lui donc! Tu vois bien qu'elle est déjà là ! Lucie se décida donc :
"Que veut de moi Votre Grâce ? "
"Je veux que vous veniez ici le 13 du mois qui vient ; que vous continuiez à réciter le chapelet tous les jours en l'honneur de Notre-Dame du Rosaire, pour obtenir la paix du monde et la fin de la guerre, parce qu'elle seule pourra vous secourir "

"Je voudrais vous demander de nous dire qui vous êtes, et de faire un miracle afin que tout le monde croit que votre Grâce nous apparaît".

"Continuez à venir ici tous les mois. En octobre, je vous dirai qui je suis, ce que je veux, et je ferai un miracle que tous pourront voir pour croire. Sacrifiez-vous pour les pécheurs, et dites souvent à Jésus, spécialement lorsque vous ferez un sacrifice :
"Ô Jésus, c'est par amour pour Vous, pour la conversion des pécheurs, et en réparation pour les péchés commis contre le Cœur Immaculé de Marie"

Disant ces paroles, Elle ouvrit les mains. Le reflet de la lumière qui s'en dégageait parut pénétrer la terre. Les enfants virent alors comme un océan de feu, où étaient plongés les démons et les âmes des damnés. Ces âmes des damnés **flottaient dans l'incendie, portées par les flammes qui sortaient de tous côtés – comme les étincelles dans les grandes incendies – sans poids ni équilibre, au milieu de cris et d'horribles hurlements de douleur et de désespoir, qui faisaient frémir et trembler d'épouvante ! Les démons se distinguaient par des formes horribles et répugnantes d'animaux épouvantables et inconnus, pareils à des tisons noirs embrasés et**

transparents ! tandis que les âmes des damnés étaient comme des braises transparentes, noires ou presque, ayant formes humaines

Effrayés, et comme pour demander secours, les enfants levèrent les yeux vers Notre-Dame qui dit : " **Vous avez vu l'enfer où vont les âmes des pauvres pécheurs. Pour les sauver, Dieu veut établir dans le monde la dévotion de mon Cœur Immaculé. Si l'on fait ce que Je vais vous dire, beaucoup d'âmes se sauveront et l'on aura la paix. La guerre va finir, mais si l'on ne cesse d'offenser Dieu, sous le règne de Pie XI commencera une pire encore. Quand vous verrez une nuit illuminée par une lumière inconnue, sachez que c'est le grand signe que Dieu vous donne qu'Il va punir le monde de ses crimes, par le moyen de la guerre, de la famine et des persécutions contre l'Eglise et le Saint-Père.**

Pour empêcher cela, je viendrai demander la consécration de la Russie à mon Cœur Immaculé et la communion réparatrice des premiers samedis du mois. Si l'on écoute mes demandes, la Russie se convertira et l'on aura la paix ; sinon, elle répandra ses erreurs à travers le monde, provoquant des guerres et des persécutions contre l'Eglise. Les bons seront martyrisés, le Saint-Père aura beaucoup à souffrir, plusieurs nations seront anéanties. À la fin mon Cœur Immaculé triomphera. Le Saint-Père me consacrera la Russie qui se convertira, et il sera donné au monde un certain temps de paix. Au Portugal, se conservera toujours le dogme de la foi, etc. Cela, ne le dites à personne, sauf à François"

Le 13 juillet 1917 Notre-Dame, à la Cova da Iria a fait voir aux voyantes l'enfer. Par cette vision, notre Mère nous rappelle la terrible sanction éternelle de l'impénitence finale afin de nous encourager à vivre habituellement en état de grâce.

La pensée du châtiment éternel est "chose bonne" pour ceux qu'elle excite à éviter le péché et à vivre dans l'état de grâce jusqu'à la visite de Celui qui viendra à nous « comme un voleur ». Elle est "chose mauvaise" pour les pécheurs qui ne pensent jamais au triste sort qui les attend s'ils ne font rien pour apaiser la colère divine et retrouver l'amitié du Juge suprême.

Elle dit : « Sacrifiez-vous pour les pécheurs et dites souvent, spécialement lorsque vous faites des sacrifices : *O Jésus ! C'est par amour pour vous, pour la conversion des pécheurs, et en réparation des outrages faits au Cœur Immaculé de Marie* »,

Chapitre VII

VISIONS DE MARIA VALTORTA : LE PARADIS, LE PURGATOIRE ET L'ENFER

(Description d'une vision en date du 25 mai 1944).

Maria Valtorta naquit à Caserta, le 14 mars 1897, et fut immédiatement confiée à une nourrice. Elle ne revint dans sa famille qu'à l'âge de dix-huit mois. Sa mère, femme cultivée mais dure, ne l'aimait pas et le lui fit cruellement sentir tout au long de sa vie. Sa seule consolation familiale, Maria la trouva chez son père grâce à qui elle comprit ce qu'était la bonté de Dieu le Père.
Au printemps de 1923 elle fit une offrande complète d'elle-même à Dieu. Le 25 janvier 1925, elle s'offrit, à l'exemple de Thérèse de Lisieux, comme victime à l'Amour miséricordieux. A partir de décembre 1929, et pendant trois ans elle travailla dans l'Action Catholique. Douloureusement blessée dans le dos par des révolutionnaires, Maria, toujours malade et accablée de souffrances atroces, se paralysa peu à peu. A partir d'avril 1934 elle ne quitta plus son lit. Une vie mystique se manifestant par de nombreuses visions commença à partir de cette date. Pendant huit ans, de 1943 à 1951 elle écrivit 17 volumes dont les dix volumes intitulé *"Il poema dell'Uomo-Dio"*. (l'Evangile tel qu'il m'a été révélé) Les révélations de Maria Valtorta sont exceptionnelles. Maria a assisté, au sens propre du terme, aux différents épisodes de la vie de Jésus. Avec les apôtres et les disciples, elle était présente près de Jésus. Maria Valtorta mourut le 12 octobre 1961. Les visions sur l'Enfer, le Purgatoire et le Paradis datent de l'année 1944

(Description d'une vision en date du 25 mai 1944).

"Une splendeur de lumière... Dieu le Père, Splendeur des splendeurs, est Lumière. Près de Lui, le Fils, dans la majesté de son corps glorifié, d'une beauté indescriptible. Entre eux, la Sainte Vierge, debout. Mais son regard au Père est plus prostré que la plus profonde génuflexion. Elle regarde aussi Jésus et son regard lui dit : "je t'aime", cependant que la Lumière d'amour du Père et du Fils, concrétisée par l'Esprit, descend sur elle dans un anneau de splendeur. En cercle autour d'eux, les anges, puis les bienheureux. A chaque conjonction des Trois Personnes (de la Trinité), qui se répète à un rythme incessant, se produisent au même rythme les miracles des œuvres de Dieu : je vois le Père créer les âmes par amour pour le Fils, à qui Il veut donner toujours plus de disciples. Le Fils, par zèle pour le Père, reçoit et juge une première fois ceux dont cesse la vie terrestre; je comprends si ce jugement est joyeux, miséricordieux ou inexorable, aux changements d'expression de Jésus : splendeur du sourire, quand se présente un saint, lumière triste de sa miséricorde, quand il doit se séparer de celui qui arrive, pour qu'il s'émonde avant d'entrer au Royaume, éclair d'offense et de douloureux courroux, quand il doit rejeter un rebelle pour l'éternité. Et là, je comprends que le Paradis est fait d'amour; il est Amour; c'est l'Amour qui crée tout; c'est sur la base de l'Amour que tout repose; c'est l'Amour, le sommet, dont tout vient". Une chose que nous pourrions retenir : "(...) le Père crée les âmes par amour pour le Fils, à qui Il veut donner toujours plus de disciples".

LE PURGATOIRE *(enseignement dicté par Jésus le 17 octobre 1943).*

"Je veux t'expliquer en quoi consiste le Purgatoire. Les âmes immergées dans cette flamme ne souffrent que d'amour. A leur présentation à Dieu *(au moment de la mort),* ces âmes sont investies par la Lumière, or elles ne sont pas dignes d'entrer aussitôt dans le Royaume de lumière. C'est pour elles une béatitude brève, anticipée, qui les rend certaines de leur salut et leur fait connaître de quoi sera faite leur éternité, et expérimenter Ma compassion pour elles, tout en les frustrant par justice d'années de possession bienheureuse de Dieu. Elles sont alors immergées dans le lieu de purgation, elles y sont investies par les flammes purificatrices.

En cela, ceux qui parlent du Purgatoire disent juste. Mais là où ils ne le sont plus, c'est lorsqu'ils veulent définir ces flammes. Elles sont un brasier d'amour. Elles purifient les âmes en les allumant à l'amour. Elles le font pour que l'âme soit libérée et se conjugue à l'amour du Ciel lorsqu'elle atteint cet amour qu'elle n'a pas atteint sur la terre. Tout pivote autour de l'amour, excepté pour les vrais morts. Je parle des damnés. Pour ces morts-là, l'amour lui-même est mort.

C'est en aimant au Purgatoire que vous conquerrez le Ciel, que vous n'avez pas su mériter au cours de votre vie. Et c'est en aimant au Paradis que vous réjouirez le Ciel. Quand une âme est au Purgatoire, elle ne fait qu'aimer, réfléchir et se repentir à la lumière de l'Amour qui a allumé ces flammes pour elle. Ces flammes, en outre, lui cachent Dieu, et c'est là son tourment. L'âme se souvient de la vision de Dieu qu'elle a eu lors de son jugement particulier. Elle porte en elle ce souvenir. Et, puisque le seul fait d'avoir entrevu Dieu est une joie, qui dépasse toute création, l'âme halète vers cette joie. Son souvenir de Dieu et ce rayon de lumière qui l'a investie à sa comparution devant Dieu font que cette âme voit, dans toute leur splendeur, ses manquements contre le Bien. C'est cette vision qui la prive de Dieu pour des années ou des siècles, qui constitue sa peine purgative.

Le tourment du Purgatoire, c'est la certitude d'avoir offensé l'Amour; au fur et à mesure qu'elle se décape, par le pouvoir de l'amour, elle accélère sa résurrection à l'amour, sa conquête de l'amour. C'est lorsque cette expiation est achevée que l'âme, ayant atteint la perfection de l'amour, est admise dans la Cité de Dieu.

Il faut beaucoup prier pour ces âmes. Vos prières sont autant de forces données au feu purificateur de l'amour. Elles en augmentent l'ardeur et hâtent le processus de purgation. De surcroît, ces prières vous font bénéficier d'un sursaut de charité, Charité de Dieu qui vous remercie de votre coopération, charité de ceux qui peinent et qui vous remercient de vous employer à les introduire dans la joie de Dieu"

Une chose que nous pourrions retenir : "Et, puisque le seul fait d'avoir entrevu Dieu est une joie, qui dépasse toute création, l'âme halète vers cette joie".

L'ENFER (*enseignement dicté par Jésus le 15 janvier 1944).*

"Les hommes de ce temps ne croient plus à l'existence de l'Enfer. Ils se sont arrangé un Au-delà à leur goût, fort peu terrorisant pour leur conscience, qui mérite de multiples châtiments. Disciples plus ou moins fidèles de l'Esprit du Mal, ils savent que leur conscience stopperait certains de leurs méfaits, s'ils croyaient réellement à l'Enfer, tel que la foi l'enseigne. J'ai dit que le Purgatoire est un feu d'amour, l'Enfer est un feu de rigueur. L'Enfer est remords, il est rage, il est damnation, il est haine, haine envers Satan, haine envers les hommes, haine envers soi-même. Le mot "haine" tapisse ce royaume sans mesure, il rugit dans ces flammes, il hurle dans le ricanement des démons, il sanglote et aboie dans les lamentations des damnés, il résonne, résonne, résonne, comme une cloche au marteau éternel, il résonne comme un éternel tambour de mort, il remplit les retraites de cette prison, il est par lui-même tourment, parce qu'il renouvelle à chacun de ses échos le souvenir de l'amour perdu pour toujours, le remords de l'avoir perdu délibérément, la rage de ne pouvoir plus jamais le retrouver".
Une chose que nous pourrions retenir : "L'Enfer est remords, il est rage, il est damnation, il est haine, haine envers Satan, haine envers les hommes, haine envers soi-même".

Explications de Jésus à Maria Valtorta sur le feu de l'Enfer et celui du Purgatoire !

Maria Valtorta : *Les cahiers de 1944*, 15 janvier 1944.

Jésus dit : "Une fois, je t'ai fait voir le Monstre des abîmes [1]. Je vais aujourd'hui te parler de son royaume. Je ne peux pas toujours te garder au paradis. Souviens-toi que tu as pour mission de rappeler certaines vérités à tes frères qui les ont trop oubliées. Ce sont ces oublis, qui sont en réalité du mépris pour les vérités éternelles, qui sont la cause de tant de maux pour les hommes.

Écris donc cette page pénible. Ensuite, tu seras réconfortée. C'est la nuit du vendredi. Écris en regardant ton Jésus, qui est mort sur la croix dans des tourments tels qu'ils sont comparables à ceux de l'enfer, et qui a voulu cette mort pour sauver les hommes de la Mort.

Les hommes d'aujourd'hui ne croient plus à l'existence de l'enfer. Ils se sont échafaudé un au-delà à leur convenance et tel qu'il soit moins terrorisant pour leur conscience, qui mérite bien des châtiments. Disciples plus ou moins fidèles de l'Esprit du Mal, ils savent bien que leur conscience reculerait devant certains méfaits, s'ils croyaient réellement à l'enfer comme la foi l'enseigne. Ils savent que leur conscience, une fois leur méfait commis, ferait retour sur elle-même et trouverait le repentir dans le remords ou dans la peur et, grâce au repentir, la voie pour revenir à moi.

Leur malice, instruite pas Satan dont ils sont les serviteurs ou les esclaves *(suivant leur adhésion aux volontés et aux suggestions du Malin)* ne veut pas de tels reculs et de tels retours sur soi. Par conséquent, l'homme abandonne la foi à l'enfer tel qu'il est réellement et s'en fabrique un autre — si du moins il s'en fabrique un —, qui n'est en fait qu'une pause pour prendre son élan vers d'autres élévations futures.

Il va si loin dans cette opinion qu'il croit *de façon sacrilège* que le plus grand de tous les pécheurs de l'humanité, le fils bien-aimé de Satan, celui qui était voleur comme le dit l'Évangile, concupiscent et avide de gloire humaine comme je le dis-moi, Judas Iscariote, a pu être sauvé et parvenir jusqu'à moi en passant par des phases successives, alors que, poussé par la triple concupiscence, il est devenu marchand du Fils de Dieu et que, moyennant trente pièces et un baiser comme signe — une valeur monétaire dérisoire et une valeur affective infinie —, il m'a livré aux mains des bourreaux.[2]

Non. S'il fut le sacrilège par excellence, moi je ne le suis pas. S'il fut l'injuste par excellence, moi je ne le suis pas. S'il fut celui qui a répandu dédaigneusement mon Sang, moi je ne le suis pas. Pardonner à Judas serait un sacrilège envers ma divinité qu'il a trahie, ce serait une injustice envers tous les autres hommes, toujours moins coupables que lui et qui sont pourtant punis pour leurs péchés, ce serait mépriser mon sang, enfin ce serait ne pas tenir compte de mes lois.

J'ai dit, [3] moi qui suis le Dieu un et trine, que celui qui est destiné à l'enfer l'endure *pour l'éternité* car aucune nouvelle résurrection ne provient de cette mort-là. J'ai dit que ce feu est *éternel* et que tous les artisans de scandales et d'iniquités s'y retrouveront. Ne croyez pas non plus que ce sera au moment de la fin du monde. Non, car au contraire, la terrible révision de vie sera suivie de cette demeure, plus impitoyable, de larmes et de tourments : en effet, ce qui est encore permis à ses hôtes comme divertissement infernal — le pouvoir de nuire aux vivants et la vue de nouveaux damnés être précipités dans l'abîme — n'existera plus. La porte du royaume infâme de Satan sera fermée, boulonnée par mes anges pour toujours, pour toujours, pour toujours, un toujours dont le nombre d'années est sans nombre. En comparaison, si les grains de sable de tous les océans de la terre devenaient des années, ils formeraient moins d'une journée de mon éternité impossible à mesurer, faite de lumière et de gloire en haut pour les bienheureux, mais de ténèbres et d'horreur pour les maudits dans les profondeurs.

Je t'ai déjà dit [4] que le purgatoire est un feu d'amour. *Mais l'enfer est un feu de sévérité.* Le purgatoire est un lieu dans lequel vous expiez vos manques d'amour pour votre Seigneur Dieu en pensant à lui, dont l'Essence a brillé devant vous au moment de votre jugement particulier et vous a remplis du désir de la posséder. Par l'amour, vous conquérez l'Amour et, en passant par des degrés croissants de charité enflammée, vous lavez vos vêtements jusqu'à les rendre purs et lumineux pour entrer dans le royaume de la Lumière, dont je t'ai montré les splendeurs il y a quelques jours. **[5]**

L'enfer est un lieu où la pensée de Dieu, le souvenir de Dieu entrevu lors du jugement particulier n'est pas, comme pour l'âme du purgatoire, un saint désir, une nostalgie déchirante mais pleine d'espoir, une espérance faite d'attente tranquille, de paix assurée qui atteindra la perfection quand elle sera devenue conquête de Dieu, mais qui donne déjà à l'âme du purgatoire une joyeuse activité purifiante, puisque chaque souffrance, chaque instant de souffrance l'approche de Dieu, son amour. *En enfer la pensée de Dieu est remords, ressentiment, damnation, haine. Haine contre Satan, haine contre les hommes, haine contre soi-même.*

Après avoir, pendant leur vie, adoré Satan à ma place, maintenant qu'ils le possèdent et en voient le véritable aspect, qui n'est plus caché sous le sourire ensorcelant de la chair, sous l'éclat lumineux de l'or, sous le signe puissant de la suprématie, *ils le haïssent pour avoir causé leurs tourments.*

Après avoir oublié leur dignité d'enfants de Dieu au point d'adorer les hommes jusqu'à devenir des assassins, des voleurs, des escrocs, des marchands d'immondices pour eux-mêmes, maintenant qu'ils retrouvent les patrons pour lesquels ils ont tué, volé, escroqué, vendu leur propre honneur comme celui de tant de créatures malheureuses, faibles, sans défense, en se faisant l'instrument d'un vice que les animaux n'en connaissent pas — la luxure, cet attribut de l'homme empoisonné par Satan —, *maintenant donc ils les haïssent pour avoir provoqué leurs tourments.*

Après s'être adorés eux-mêmes en accordant toute satisfaction à la chair, au sang ainsi qu'aux sept appétits de leur chair et de leur sang, foulant ainsi aux pieds la Loi de Dieu et celle de la moralité, ils se haïssent maintenant parce qu'ils se rendent compte qu'ils se sont eux-mêmes causé leurs tourments. Le mot "Haine" recouvre ce royaume immense; il rugit au milieu de ces flammes; il hurle sous les ricanements des démons; il sanglote et crie au milieu des lamentations des damnés; il résonne, résonne, résonne, comme une cloche qui sonne éternellement le tocsin; il retentit comme un buccin éternel; il remplit chaque recoin de cette prison; il est en lui-même un tourment car, chaque fois qu'on l'entend, il ranime le souvenir de l'Amour perdu à jamais, le remords d'avoir voulu le perdre et la rage de ne plus jamais pouvoir le revoir. Au milieu de ces flammes, l'âme morte, à l'instar de ces corps jetés au bûcher ou dans les fours crématoires, se tord et crie comme si elle était de nouveau animée par un mouvement de vie, elle se réveille pour comprendre son erreur puis meurt et renaît à chaque instant dans d'atroces douleurs, car le remords la tue sous un blasphème et ce meurtre la ramène à vivre un nouveau tourment.

Le crime d'avoir trahi Dieu dans le temps reste devant l'âme pour l'éternité; l'erreur d'avoir refusé Dieu dans le temps lui est éternellement présente, pour son tourment. Dans le feu, les flammes singent les spectres de ce qu'ils ont adoré pendant leur vie, les passions se peignent en ardents coups de pinceau sous leurs aspects les plus appétissants et elles crient, crient leur mémento **[6]** : "**Tu as voulu le feu des passions. Reçois maintenant le feu allumé par Dieu, dont tu as tourné en dérision le saint Feu.**"

Le feu répond au feu. Au paradis, il est feu d'amour parfait. Au purgatoire, il est feu d'amour purificateur. En enfer, il est feu d'amour offensé. Puisque les élus ont aimé à la perfection, l'Amour se donne à eux avec toute sa perfection. **Puisque les âmes du purgatoire ont aimé tièdement, l'Amour devient flamme pour les amener à la perfection. Puisque les maudits ont brûlé de tous les feux, sauf du Feu de Dieu, le Feu de la colère de Dieu les brûle pour l'éternité. Or au sein de ce feu se trouve aussi un froid glacé.**

Oh ! Vous ne pouvez-vous imaginer ce qu'est l'enfer. Prenez tout ce qui tourmente l'homme sur terre : le feu, les flammes, le gel, les eaux qui submergent, la faim, le sommeil, la soif, les blessures, les maladies, les plaies, la mort... Additionnez-les et multipliez ce total des millions de fois : vous n'aurez qu'une pâle image de cette terrible vérité. Un froid sidéral se mêlera à une chaleur insoutenable. Les damnés ont brûlé de tous les feux humains mais n'auront eu qu'une vie spirituelle glacée pour leur Seigneur Dieu. C'est donc le gel qui les attend pour les congeler après que le feu les aura salés comme du poisson mis à rôtir sur une flamme. Le fait de passer de la chaleur brûlante qui fait fondre au froid glacé qui condense est un tourment de plus.

Oh ! Ce n'est pas là un langage métaphorique, car Dieu peut faire en sorte que les âmes, lourdes des fautes qu'elles ont commises, aient une sensibilité égale à celle de la chair, même avant qu'elles ne revêtent cette chair. Vous ne savez pas et ne croyez pas. Mais je vous dis, en vérité, que mieux vaudrait pour vous subir tous les tourments de mes martyrs plutôt que passer une seule heure dans les tortures de l'enfer.

Le troisième tourment, ce sera l'obscurité. ***Une obscurité matérielle et spirituelle.*** Se trouver pour toujours dans les ténèbres après avoir vu la lumière du paradis, être étreint par la Ténèbres après avoir vu la Lumière qui est Dieu ! Se débattre dans l'horreur noire où seul s'illumine, au réverbère de l'esprit brûlant, le nom du péché qui leur a valu d'être plongés dans une telle horreur ! Ne trouver aucun appui dans ce remue-ménage d'âmes qui se haïssent et se nuisent mutuellement, si ce n'est dans le désespoir qui les rend fous et toujours plus maudits. S'en nourrir, s'appuyer sur lui, se tuer avec lui. La mort nourrira la mort, est-il dit. [7] Le désespoir est mort et nourrira ces morts pour l'éternité. Je vous le dis, moi qui pourtant ai créé cet endroit : quand j'y suis descendu pour tirer des limbes ceux qui attendaient ma venue, *j'ai eu horreur,* moi qui suis Dieu, *de cette horreur,* et, si une chose faite par Dieu n'était immuable parce que parfaite, j'aurais voulu le rendre moins atroce, car je suis l'Amour et j'ai souffert de cette horreur.

Or vous, vous voulez y aller !

Mes enfants, méditez ce que je vous dis. On donne aux malades des médicaments amers, les endroits atteints par le cancer sont cautérisés et le mal excisé. Pour vous, qui êtes malades et cancéreux, ma parole est médicaments et cautère chirurgical. Ne la refusez pas. Servez-vous-en pour vous guérir. La durée de la vie n'est pas ces quelques jours passés sur la terre. La vie commence quand elle vous semble finir, et elle ne finit pas.

Faites en sorte qu'elle se déroule là où la lumière et la joie de Dieu rendent l'éternité belle, et non pas là où Satan est le bourreau éternel."

---

[1] Le 20 juillet 1943 (et dès le 18 au soir). Voir "Les cahiers de 1943".

[2] Matthieu 26,14-16 – Marc 14,10-11, 43-43 – Luc 22,36, 47-48 – Jean 18,13

[3] Le 7 janvier.

[4] Les 17 et 21 octobre 1943. Voir "Les cahiers de 1943"

[5] Le 10 janvier : vision du Paradis

[6] Mémento est un mot latin, repris par la liturgie, qui signifie : souviens toi.

[7] Bien qu'elle ne soit pas prise à la lettre, cette idée se retrouve souvent dans la Bible, en particulier dans l'Apocalypse.

[8] Matthieu 20, 1-16

[9] Matthieu 26, 39-44 – Marc 14, 35-39 – Luc 22, 41-42

[10] D'après Jean 21, 23

[11] Dans tout le volume, l'écrivain est souvent qualifiée de "petit Jean". Effectivement, elle est proche par sa spiritualité et sa mission du grand saint Jean, apôtre et évangéliste. Voir les dictées du 8 février, du 6 mars, du 15 juin et du 20 octobre.

Chapitre VIII

Un témoignage du Père José Maniyangat – Kerala- Inde

Le Père José Maniyangat de Kerala (Inde) a vu le ciel, le purgatoire et l'enfer. Le Père Jose nous décrit son expérience de " vie après la mort "

Je suis né le 16 juillet 1949 à Kerala, aux Indes. À l'âge de 14 ans, je suis entré au petit séminaire Sainte-Marie à Thiruvalla pour y commencer mes études pour la prêtrise. Quatre ans plus tard, je suis allé au grand séminaire pontifical Saint-Joseph à Alwaye, Kerala, afin d'y poursuivre ma formation à la prêtrise. Après avoir complété les sept années de philosophie et de théologie, j'ai été ordonné prêtre le 1er janvier 1975 et j'ai servi comme missionnaire dans le diocèse de Thiruvalla. Le Père José ira aux Etats Unis et sera ensuite un prédicateur de renom parcourant le monde entier.

Le dimanche 14 avril 1985, fête de la Divine Miséricorde, je m'en allais célébrer une messe dans une église de mission dans la partie nord de Kerala lorsque j'ai eu un accident mortel. Je roulais à motocyclette et j'ai été heurté de plein fouet par une jeep conduite par un homme en état d'ivresse qui revenait d'un festival hindou. On m'a transporté d'urgence à un hôpital situé à environ 55 kilomètres. Durant le trajet, mon âme est sortie de mon corps et j'ai fait l'expérience de la mort. Immédiatement, j'ai rencontré mon Ange gardien. J'ai vu mon corps et les personnes qui me transportaient à l'hôpital. Je les ai entendues pleurer et prier pour moi. A ce moment, mon Ange m'a dit : « Je vais t'amener au Ciel, le Seigneur veut te rencontrer et te parler. » Il a ajouté qu'en chemin, il voulait me montrer l'Enfer et le Purgatoire.

L'Enfer

L'Ange m'a d'abord escorté en Enfer. C'était une vision effroyable. J'ai vu Satan et les démons, un feu inextinguible aux environs de 2000° C., des vers rampant, des gens qui criaient et se battaient, et d'autres torturés par les démons. L'Ange m'a dit que toutes ces souffrances étaient dues à des péchés mortels sans repentir.

Puis, j'ai compris qu'il y avait sept degrés ou niveaux de souffrances selon le nombre et la sorte de péchés mortels commis dans leur vie terrestre. Les âmes paraissaient très laides, cruelles et horribles. C'était une expérience affreuse. J'ai vu des gens que je connaissais mais dont je n'ai pas la permission de révéler l'identité. Les péchés qui les ont condamnés étaient principalement l'avortement, l'homosexualité, l'euthanasie, la haine, le refus de pardonner et le sacrilège.

L'Ange m'a dit que si ces personnes s'étaient repenties, elles auraient évité l'Enfer et seraient allées plutôt au Purgatoire. J'ai aussi compris que celles qui se repentent de ces péchés pouvaient être purifiées sur terre par leurs souffrances. De cette manière, elles peuvent éviter le Purgatoire et aller directement au Ciel. J'ai été surpris lorsque j'ai vu en Enfer même des prêtres et des évêques que je ne m'attendais pas à trouver là. Plusieurs d'entre eux y étaient parce qu'ils avaient trompé les gens avec leurs faux enseignements et leur mauvais exemple.

Après la visite en Enfer, mon Ange gardien m'a escorté au Purgatoire. Là aussi, il y a sept degrés de souffrances et un feu inextinguible. Mais c'est beaucoup moins intense qu'en Enfer et il n'y avait pas non plus de querelles et de combats. La principale souffrance de ces âmes est d'être séparée de Dieu. Certaines de ces âmes qui sont au Purgatoire ont commis de nombreux péchés mortels, mais elles se sont réconciliées avec Dieu avant leur mort. Bien que ces âmes souffrent, elles jouissent de la paix et savent qu'un jour elles verront Dieu face à face.

J'ai eu la chance de communiquer avec les âmes du Purgatoire. Elles m'ont demandé de prier pour elles et de dire aussi aux gens de prier pour qu'elles puissent aller au Ciel rapidement. Quand nous prions pour ces âmes, nous recevons leur reconnaissance à travers leurs prières et, au Ciel, leurs prières deviendront plus méritoires.

Il m'est difficile de décrire la beauté de mon Ange gardien. Il est radieux et brillant. Il est mon compagnon constant et m'aide dans tous mes ministères, particulièrement mon ministère de guérison. Je fais l'expérience de sa présence partout où je vais et je lui suis reconnaissant pour sa protection dans ma vie quotidienne.

Par la suite, mon Ange m'a escorté au Ciel en passant à travers un grand et éblouissant tunnel blanc. Je n'ai jamais ressenti autant de paix et de joie dans ma vie. Puis, aussitôt, le Ciel s'est ouvert et j'ai entendu la plus belle musique qui soit. Les Anges chantaient et ***louangeaient*** (*louaient*) Dieu. J'ai vu tous les Saints, spécialement la Sainte Mère et Saint Joseph et plusieurs évêques et prêtres déclarés saints qui brillaient comme des étoiles.

Lorsque j'ai paru devant le Seigneur Jésus, Il m'a dit : « **Je veux que tu retournes dans le monde. Dans ta seconde vie, tu seras un instrument de paix et de guérison pour mon peuple. Tu marcheras sur une terre étrangère et tu parleras une langue étrangère. Tout est possible pour toi avec ma grâce.** » Après ces paroles, la Sainte Mère m'a dit : « **Fais tout ce qu'Il te dit. Je t'aiderai dans tes ministères.** »

Fin du témoignage du Père José Maniyangat de Kerala

Postface

Que devons-nous faire ?

Imaginant le Christ Notre Seigneur devant moi et mis en croix,

faire un colloque : comment, de créateur, il en est venu à se faire homme, à passer de la vie éternelle à la mort temporelle, et ainsi mourir pour mes péchés.

De même me regarder également moi : ce que j'ai fait pour le Christ, ce que je fais pour le Christ, ce que je dois faire pour le Christ ; puis le voyant dans cet état, suspendu ainsi à la croix, parcourir ce qui s'offrira à moi. ***Exercices Spirituels de saint Ignace n°53***

Le Christ : Je suis le Dieu crucifié, désarmé, comme tu le vois, je ne peux plus protéger mon cœur, il peut être transpercé et mon amour s'épanche sur tous. Je vous supplie de vous laisser réconcilier avec mon Père. Moi le Verbe éternel et immortel, j'ai pris un corps mortel, capable de souffrir pour vous l'offrir. C'est à cause de la mort que j'ai accepté de naître.
Moi le créateur je me suis fait créature !
Regarde. J'ai tout fait pour vous, je vous ai donné ma vie, mon sang, ma divinité, mon être et en échange de mes libéralités infinies je ne demandais que votre amour, j'ai mendié votre amour. J'attendais de chaque être humain cette réponse –« Je t'aime, je te loue et je t'obéis »
Mais non. Vous, vous m'avez constamment dédaigné et à toutes mes avances vous avez répondu : « Va, laisse-moi, je préfère mes grossiers intérêts et mes voluptés ».

Les hommes ont souvent choisi, de leur plein gré, la cité où règne l'égoïsme, la haine, la révolte. Que puis-je faire pour ces hommes ? Ce n'est pas Moi qui les réprouve, c'est eux-mêmes qui prononcent la malédiction. Ils se maudissent eux-mêmes. Je ne puis que dire à ceux-là : « soyez les fils de votre choix, que votre volonté soit faite ! ».
Vois où vont ceux qui jusqu'à la fin resteront dans une impénitence finale.

Jean : Ô mon Seigneur et mon Dieu, maintenant, en vous contemplant suspendu à la croix, je comprends en partie ce qu'est le péché et ce qu'est l'Enfer. Sainte Thérèse d'Avila nous a rapporté qu'un jour pendant son oraison, elle se trouva transportée en Enfer et avoue que vous lui avez fait voir la place que les démons lui avaient préparée en Enfer, si elle continuait ses infidélités. Cette vision fut pour elle le début d'une conversion radicale. L'Enfer c'est un lieu de douleur extrême, de désespoir extrême. C'est là où je méritais d'être pour mes péchés, mes nombreux péchés, où j'aurais été confiné depuis quelques années déjà. Mais votre immense miséricorde ne m'a pas livré à la mort ! Je ne vous ai pas offensé une fois, mais plusieurs fois. Votre miséricorde m'a pris en pitié. Et je me pose aujourd'hui la question suivante : Quelle a été ma gratitude pour Dieu pour sa miséricorde déployée en ma faveur ? Après un avantage si grand, je devrais vous donner tout mon coeur et vous aimer davantage et réaliser toutes mes actions pour vous, ne cherchant en tout que votre bon plaisir. Pourrais-je faire moins que cela après une bonté qui fut si grande ?

Et pourtant, qu'est-ce que j'ai fait ? J'ai été d'une grande ingratitude! Je vous ai mis de côté, ô mon Dieu ! J'ai réagi à Votre miséricorde en engageant de nouveaux péchés et délits. Je sais que j'ai fait le mal, ô mon Dieu, et je me repens de tout mon cœur.

Me regardant moi-même je réfléchis à : ce que j'ai fait pour Vous, mon Sauveur et mon Dieu, ce que je fais pour Vous, mon Sauveur et mon Dieu, ce que je dois faire pour Vous, en vous voyant dans cet état, suspendu ainsi à la croix expression suprême de votre amour pour moi.

A) Dans le passé je n'ai pas suffisamment pris conscience que l'Enfer c'est le péché déployant toutes ses conséquences et que l'Enfer sort du péché comme la plante sort de la graine. Je n'ai pas pris conscience suffisamment que le péché c'est une « *aversio a Deo* » et une « *conversio inordinata ad creaturam* ». Je vois maintenant que le péché, c'est manqué d'être ce que je devrais être.

B) A présent avec cette méditation de l'Enfer j'ai pris conscience que l'Enfer fait apparaitre dans toute sa profondeur le mal du péché. Cet orgueilleux refus de la créature de reconnaitre Dieu comme son Créateur et Rédempteur. J'ai pris connaissance du désordre de mes activités et je veux m'amender et ordonner ma vie.

C) A partir de maintenant, saisi d'une vive et inébranlable confiance en votre miséricorde je voudrais, pour le reste du temps que tu me donnes sur cette terre, m'employer de toutes mes forces à vivre selon ta divine volonté et à exhorter les fidèles dans mes prédications et conversations spirituelles, à vivre saintement et à éviter les peines de l'Enfer. Je ne veux pas rester indifférent quand je vois la facilité avec laquelle les péchés sont commis, les péchés qui se produisent aussi souvent que l'on prend un verre d'eau, des péchés et délits qui sont commis par légèreté ou déviation ? Comment puis-je me reposer quand tant de gens sont vus vivre continuellement dans le péché mortel et se précipitant de cette manière aveugle vers leur destruction éternelle ? Non, vraiment, je ne peux pas me reposer, mais je dois courir et les avertir. Je veux

dorénavant avec sainte Faustine prier encore plus ardemment pour la conversion des pécheurs et sans cesse appeler la miséricorde divine sur eux. Je veux redire à tous que ce ne sont pas ceux qui disent Seigneur, Seigneur, qui entreront dans la Royaume des cieux, mais ceux qui font la volonté de Dieu et que l'amour se prouve plus par les actes que par les paroles. Enfin je voudrais prier pour tous mes confrères prêtres qui croient les mêmes vérités que moi afin qu'ils n'aient pas peur de prêcher et d'exhorter les fidèles qui leur sont confiés afin qu'ils puissent éviter cette éternité insupportable de l'Enfer.
Enfin je voudrais inviter tous les fidèles à venir se plonger dans ta miséricorde à l'heure où tu as décidé d'ouvrir toutes grandes les portes de la Miséricorde.
Il y a urgence ! Prenons une comparaison : Si une maison prenait feu au milieu de la nuit, et si les habitants de la même maison et les autres habitants du village étaient endormis et ne voyaient pas le danger, ne serait-ce pas à celui qui l'a remarqué le premier de crier et de courir vers les autres maisons, en criant : « Au feu, au feu dans cette maison là-bas!!! » Alors pourquoi ne devrait-il pas y avoir d'avertissement d'un feu éternel pour réveiller ceux qui seraient dans le sommeil du péché ? La perte du sens du péché, entraine la perte de la peur de l'Enfer.

En considérant l'ensemble des témoignages et des visions de l'enfer, il ressort que chaque âme est tourmentée d'une façon terrible et indescriptible par ce en quoi ont consisté ses péchés. Par cela nous entendons que ceux qui iront en Enfer savent déjà ce qui les attend, puisqu'ils connaissent parfaitement les péchés par lesquels ils sont en train d'offenser Dieu. Si une personne est en train d'offenser Dieu par les péchés de la chair, en commettant adultère, fornication et toutes sortes de perversions sexuelles, cette personne sait comment elle sera tourmentée d'une façon terrible par les démons en Enfer. Si donc connaissant cela la personne n'en tient aucun compte et persévère dans sa mauvaise conduite on peut dire qu'elle a déjà opté pour l'Enfer.

Sachons que le Seigneur Jésus ne nous destine pas à une éternité de douleurs et de larmes, mais à une éternité de béatitude que nous aurons avec lui.

Personne ne va en enfer sans le savoir et sans le vouloir ! Voici d'ailleurs selon Saint Alphonse Marie de Ligori les quatre portes de l'Enfer, les quatre chemins qui conduisent surement en cet endroit.

- **La première porte c'est la haine**. Le Paradis est le royaume de l'Amour, l'enfer est celui de la haine. Celui qui aime est né de Dieu et connait Dieu, celui qui n'aime pas ne connait pas Dieu.
- **La deuxième porte c'est le blasphème**. Parler mal de Dieu, dire du mal de Dieu, celui qui blasphème a déjà commencé à apprendre le langage des damnés, puisque ces damnés passent tout leur temps, disons toute leur éternité à blasphémer.
- **La troisième porte** serait le vol dit saint Alphonse Marie de Ligori, mais nous dirons plutôt ici – **l'amour de l'argent**. Cet amour de l'argent est une porte large ouverte et nous voyons beaucoup de personnes qui s'y engagent. Amour de l'argent qui va jusqu'au mépris de l'autre et au mépris de Dieu.
- **La quatrième porte serait l'impureté**, car ce péché se répète souvent une fois commis. Il est à craindre que beaucoup n'entrent en Enfer par cette porte. L'apôtre Paul prévient : « or ni les fornicateurs, ni les adultères n'entreront dans le Royaume des cieux » ICor.6,10. L'Apocalypse poursuit en disant que « leur place est dans l'étang de feu. » Apoc.21,8.

Connaissant les portes qui conduisent à la mort, tournons le dos à ces portes et prenons résolument les portes qui conduisent à la Vie. Puisse la connaissance de l'Enfer et des peines que l'on y souffre être un puissant stimulant de salut et de sainteté. Beaucoup de saints avant nous ont eu peur de l'Enfer.

Conclusion :

Prendre une assurance contre l'Enfer

Comme l'affirme le Catéchisme de l'Eglise Catholique déjà cité plus haut, « Dieu ne prédestine personne à aller en enfer, pour y aller il faut une aversion volontaire de Dieu *(un péché mortel)*, et y persister jusqu'à la fin. » CEC n°1037.

L'Eglise dans sa prière implore la miséricorde de Dieu pour tous les hommes, elle dit ceci : **« Voici l'offrande que nous présentons devant toi, nous tes serviteurs et ta famille entière : dans ta bienveillance accepte-la. Assure toi-même la paix de notre vie, arrache nous à la damnation et reçois-nous parmi tes élus.** » Canon I

La Vierge Marie à Fatima recommande ce qui suit :« *Quand vous dites le chapelet, dites après chaque dizaine:* **"O mon Jésus, pardonnez-nous nos péchés, préservez-nous du feu de l'enfer, et conduisez au Ciel toutes les âmes, surtout celles qui ont le plus besoin de Votre Miséricorde.**" *Notre Dame du Rosaire.*

Dieu ne prédestine personne en Enfer, au contraire avec l'Apôtre Paul l'Eglise affirme catégoriquement que : « Dieu veut que tous les hommes soient sauvés ». I Tim 2,4

Si je peux terminer ce document par une note d'humour, l'humour n'exclut pas le sérieux.

Mon Cher ami après avoir lu et médité sur ce qui vient d'être mis sous tes yeux je voudrais donner un conseil d'une importance vitale, puisqu'il s'agit de la vie éternelle.

De nos jours, beaucoup de personnes prennent des assurances pour se garantir contre les malheurs possibles que peut réserver l'avenir.

Assurance voiture contre les accidents

Assurance contre les incendies.

Assurance tout risque.

Assurance contre la maladie…

Mais il y a une Assurance plus importante encore !

Il faut assurer ton corps et ton âme contre le feu de l'Enfer.

Et où puis-je pendre une telle assurance ?

Je vais te l'indiquer. La Compagnie d'Assurance la meilleure, la plus solide, la plus avantageuse, la plus fiable c'est l'Eglise Catholique

Tout de suite il faut aller trouver l'Agent de la Compagnie d'Assurance Eglise Catholique *(le prêtre)* et faire les arrangements qui conviennent le plus vite possible.

Les conditions du Contrat d'Assurance pour la Vie éternelle sont disponibles et relativement faciles.

Voici quelques-unes des conditions parmi les plus importantes

a) Croire au Christ : « Qui croit au Fils a la vie éternelle. Qui refuse de croire au Fils ne verra pas la vie, mais la colère de Dieu demeure sur lui. Jean 3,36.
b) Observer les 10 commandements de Dieu.
c) Observer les 5 préceptes de l'Eglise.
d) Se nourrir de la Parole de Vie (la Bible)
e) Recevoir fréquemment les sacrements de pardon et d'Eucharistie.
f) Avoir une dévotion filiale et confiante envers le Sacré Cœur de Jésus et le Cœur Immaculé de Marie.
g) Faites savoir à l'Agent que vous désirez ardemment **recevoir l'onction des malades et le viatique à votre heure dernière.**
h) **Quand approche le moment d'effectuer le grand passage, l'Eglise a prévu la prière de la recommandation de l'âme à Dieu – dite aussi prière des agonisants :**

« Partez de ce monde, âme chrétienne, au nom de Dieu le Père tout-puissant qui vous a créé ; au nom de Jésus Christ, Fils du Dieu vivant, qui a souffert pour vous ; au du Saint Esprit, qui est descendu sur vous ; au nom de la glorieuse et saint Mère de Dieu, la Vierge Marie ; au nom des Anges et des Archanges... au nom de tous les saints et saintes de Dieu.
Qu'aujourd'hui votre séjour soit dans la paix et votre demeure dans la sainte Sion »
Qu'ainsi vous ne connaissiez jamais ce qu'il y a d'horreur dans les ténèbres de l'Enfer, ce qu'il y a de sifflements affreux dans ses flammes, ce qu'il y a d'atroces douleurs dans ses tourments.
Qu'à votre vue Satan, ce monstre horrible, recule avec ses satellites ; qu'il tremble à l'approche des Anges qui vous accompagnent...
Qu'il vous préserve de la mort éternelle, le Christ qui a bien voulu mourir pour vous...
Qu'il vous établisse pour toujours dans le jardin délicieux de son Paradis...
Qu'il vous soit donné de voir votre Rédempteur face à face, et que, toujours en sa présence, vous ayez le bonheur de contempler la Vérité sans voile.
Enfin ayant pris place dans les rangs des Bienheureux, vous ayez la douce jouir de contempler votre Dieu, dans tous les siècles des siècles. Ainsi soit-il.

i) **Gagner des indulgences que propose l'Eglise.** – L'indulgence étant la rémission totale ou partielle devant Dieu de la peine temporelle encourue en raison d'un péché déjà pardonné, rémission que le fidèle bien disposé obtient à certaines conditions déterminées par l'action de l'Eglise, laquelle en tant que dispensatrice de la rédemption, distribue et applique par son autorité le trésor des satisfactions du Christ et des saints. Il y a l'indulgence plénière et l'indulgence partielle. Pour en savoir plus nous vous renvoyons à notre livre : « ***A propos des indulgences dans l'Eglise Catholique*** ».

Il convient d'ajouter que Dieu dans sa miséricorde infinie a bien voulu nous offrir encore d'autres gages de salut éternel. C'est ainsi que par de nombreuses révélations privées dont l'Eglise a reconnu le caractère surnaturel, Dieu nous fournit encore d'autres moyens de salut extraordinaires.

Nous citerons ici quelques-unes des promesses parmi beaucoup d'autres:

A) La communion des neuf premiers vendredis du mois en l'honneur du Sacré Cœur de Jésus. Notre Seigneur Jésus en 1688, a révélé à une religieuse du monastère de la Visitation à Paray-le-Monial, une grande promesse

Voici la promesse du Sacré Cœur de Jésus à sainte Marguerite Marie Alacoque.

« Je te promets, dans l'excessive miséricorde de mon Cœur que son Amour tout puissant accordera à tous ceux qui communieront les neuf premiers vendredis du mois tout de suite, la grâce finale de la pénitence ; ils ne mourront point en ma disgrâce, ni sans recevoir leurs sacrements, mon divin Cœur se rendant leur asile assuré en ce dernier moment ».

Il convient de bien comprendre cette promesse, La promesse est absolue, supposant que les communions soient faites et bien faites ; et ce qui est promis n'est pas que la personne ne commettra plus de péché et qu'il persévèrera dans le bien toute sa vie. Le cœur de promesse **c'est la persévérance finale**.(*Ils ne mourront point dans ma disgrâce*). **C'est la grâce de la bonne mort.**

Il faut savoir que le Pape Benoit XV par l'insertion intégrale de cette promesse dans la Bulle de canonisation de Sainte Marguerite-Marie a encouragé la pratique des communions réparatrices des neuf premiers vendredis du mois, en l'honneur du Sacré-Cœur de Jésus.

B) La communion des cinq premiers samedis du mois, en l'honneur du Cœur Immaculé de Marie, accompagné du rosaire médité en vue de faire réparation. Voici la promesse de la Vierge de Fatima.

« Je promets d'assister, à l'heure de la mort, avec les grâces nécessaires au salut, tous ceux qui, le premier samedi de cinq mois consécutifs, se confesseront, recevront la Sainte Communion, réciteront le chapelet et me tiendront compagnie pendant un quart d'heure, en méditant sur les quinze Mystères du Rosaire, dans le but de me faire réparation. »

La communion doit être reçue bien sûr en état de grâce. C'est encore la promesse d'une bonne mort.

Pourquoi cinq samedis ? Il fut révélé à Lucie qu'il y a cinq espèces d'offenses et de blasphèmes qui sont proférés contre le Cœur Immaculé de Marie et les voici :

1. Les blasphèmes contre l'Immaculé Conception.
2. Les blasphèmes contre Sa virginité.
3. Les blasphèmes contre Sa maternité divine, en refusant en même temps de la reconnaître comme Mère des hommes.
4. Les blasphèmes de ceux qui cherchent publiquement à mettre dans le cœur des enfants l'indifférence ou le mépris, ou même la haine à l'égard de Notre Mère Immaculée.
5. Les offenses de ceux qui l'outragent directement dans les saintes images.

C) **Le scapulaire de Notre Dame du Mont Carmel :** (Révélé à Simon Stock 1165-1265). Une tradition chez les Carmes rapporte que la Très Sainte Vierge Marie révela à saint Simon Stock sixième général des Carmes, la promesse suivante :

« ***Quiconque mourra pieusement portant cet habit (le scapulaire) ne souffrira pas les flammes de l'Enfer*** ».

NB : Le port matériel du Scapulaire n'est pas à lui seul suffisant pour que se justifient les conditions de la promesse, il faut des dispositions d'ordre spirituel. Simon Stock dira à ses frères ce qui suit : « *En conservant, mes frères, cette parole dans vos cœurs, efforcez-vous d'assurer votre élection par de bonnes œuvres et de ne jamais défaillir ; veillez dans l'action de grâce pour un si grand bienfait ; priez sans cesse, afin que la promesse à moi communiquée se vérifie pour la gloire de la Sainte Trinité... et de la Vierge toujours bénie.* » (Voir Dictionnaire de théologie, art. scapulaire).
Le port du scapulaire doit donc s'accompagner de dispositions d'ordre spirituel. Celui qui porte le scapulaire se créé comme une espèce de droit de protection singulière de la Vierge Marie et se prépare à recevoir des grâces venant d'elle.

D) **Les Trois Ave Maria : « des trois je vous salue Marie » à réciter par lesquels chacun peut avoir l'assistance de la glorieuse Vierge Marie à l'heure de la mort** »

« Pendant que Mechtilde priait la glorieuse Vierge de l'assister à l'heure de sa mort, « Je le ferai CERTAINEMENT,», répondit la divine Vierge ; mais toi, de ton côté, je veux que tu récites, chaque jour, trois Ave Maria.

1. « Par le premier tu demanderas que, — comme Dieu le Père, selon la munificence de **sa toute-puissance**, a exalté mon âme sur un trône de gloire sans égale, au point qu'après lui je suis la plus puissante au ciel et sur la terre, ainsi je t'assiste, à l'heure de la mort, pour te fortifier, et repousser loin de toi toute puissance ennemie ».

2. « Par le second **Ave Maria**, tu demanderas que, — comme le Fils de Dieu selon les trésors de **son inscrutable sagesse** m'a ornée merveilleusement de science et d'intelligence, et m'en remplit tellement que je jouis de la connaissance de la Bienheureuse Trinité plus que tous les saints ensemble, et que, comme un soleil brillant, j'éclaire tout le ciel par la clarté dont il m'a embellie, — ainsi je t'assiste, à l'heure de la mort, pour remplir ton âme des lumières de la foi et de la vraie sagesse, de peur que ta foi ne soit obscurcie par les ténèbres de l'ignorance et de l'erreur.
3. « Par le troisième **Ave Maria,** tu demanderas que, — comme le Saint-Esprit m'a remplie entièrement des **douceurs de son amour** et m'a rendue si aimable et si aimante, que, après Dieu, je suis la plus douce et la plus miséricordieuse, — ainsi je t'assiste à l'heure de ta mort, en remplissant ton âme d'une telle suavité de l'amour divin, que toute peine et amertume de la mort se change pour toi en délices.

Telle est la révélation relative aux **Trois Ave Maria** faite par la Reine du ciel, avec promesse de la bonne mort pour ceux qui y seront fidèles tous les jours. En effet, bien que la promesse ait été faite à sainte Mechtilde, elle convient à tous ceux qui emploieront le même moyen recommandé par la divine Mère pour obtenir une bonne mort. Ici encore c'est la promesse de la Bonne Mort.

E) Le Culte de la Divine miséricorde.

Le 22 février 1931, Jésus est apparu à Soeur Faustine Kowalska, une religieuse polonaise. Jésus lui a demandé de peindre un tableau le représentant avec l'inscription : "Jésus, j'ai confiance en Toi" . Jésus a ensuite fait un certain nombre de promesses concernant ce tableau. Il a notamment fait la promesse suivante : "Je promets que l'âme qui honorera cette image ne sera pas perdue."

Toujours dans le culte de la divine miséricorde, il y a la promesse concernant le chapelet de la divine miséricorde. En 1931, Jésus est apparue à Soeur Faustine Kowalska, et fit connaitre que les personnes que les personnes qui diront le chapelet de la miséricorde divine n'iront pas en enfer.

Note 1 : **Jésus révéla à Sainte Brigitte de Suède la promesse suivante :**

"Sachez que j'accorderai à ceux qui réciteront, pendant douze ans, sept Notre Père et Je vous salue Marie et les prières suivantes en l'honneur de mon Précieux Sang, les cinq grâces suivantes" :

1. Ils n'iront pas au Purgatoire.
2. Je les compterai au nombre des martyrs, comme s'ils avaient versé leur sang pour la foi.
3. Je conserverai en état de grâce sanctifiante l'âme de trois de leurs parents, au choix.
4. Les âmes de leur parenté, jusqu'à la quatrième génération, éviteront l'enfer.
5. Ils connaîtront la date de leur mort un mois avant.
6. S'ils devaient mourir avant, je considère la chose acquise comme s'ils avaient rempli toutes les conditions.

Note 2 : Révélation faite par Jésus à Saint Bernard de Clairvaux
"J'eus, en portant la Croix, une plaie profonde de trois doigts et trois os découverts sur l'épaule. Cette plaie qui n'est pas connue des hommes m'a occasionné plus de peine et de douleur que toutes les autres. Mais révèle-la aux fidèles chrétiens et sache que quelque grâce qui me sera demandée en vertu de cette Plaie, leur sera accordée. Et à tous ceux qui, par amour pour elles, m'honoreront chaque jour par trois Pater (Notre Père), Ave ***(Je vous salue Marie) et Gloria (Gloire au Père),*** *je pardonnerai les péchés véniels et je ne me souviendrai plus des mortels ; ils ne mourront pas de mort imprévue, à l'heure de leur mort ils seront visités par la bienheureuse Vierge et ils obtiendront encore la grâce et la miséricorde."*

Prière

"Très aimé Seigneur, très doux agneau de Dieu, moi pauvre pécheur, j'adore et vénère la très sainte plaie que vous avez reçue à l'épaule en portant au calvaire la très lourde croix qui laissa découverts trois os saints, occasionnant une immense douleur.

Je vous supplie, en vertu des mérites de ladite plaie, d'avoir pitié de moi en m'accordant la grâce que je vous demande ardemment, en me pardonnant tous mes péchés mortels ou véniels, en m'assistant à l'heure de ma mort et en me conduisant dans votre heureux royaume. Amen "

Annexe 1

Exercices Spirituel de Saint Ignace- (65-71)

Cinquième exercice : Méditation de l'Enfer

Le cinquième exercice est la méditation de l'enfer. Il comprend, outre l'oraison préparatoire et les deux préludes, cinq points et un colloque.

65 **L'oraison préparatoire, comme à l'ordinaire**.

Le premier prélude est la composition de lieu, qui consiste, dans cette méditation, à voir des yeux de l'imagination la longueur, la largeur et la profondeur de l'enfer.

Le second est la demande de la grâce que l'on veut obtenir. *Ici je demanderai* ***le sentiment intérieur des peines que souffrent les damnés****, afin que, si mes fautes me faisaient jamais oublier l'amour du Seigneur éternel, du moins la crainte des peines m'aidât à ne pas tomber dans le péché.*

66 Dans le premier point, je verrai des yeux de l'imagination ces feux immenses, et les âmes des réprouvés comme enfermées dans des corps de feu.

67 Dans le deuxième, j'entendrai, à l'aide de l'imagination, les gémissements, les cris, les clameurs, les blasphèmes contre Jésus-Christ Notre-Seigneur et contre tous les Saints.

68 Dans le troisième, je me figurerai que je respire la fumée, le soufre, l'odeur d'une sentine et de matières en putréfaction.

69 Dans le quatrième, je m'imaginerai goûter intérieurement des choses amères, comme les larmes, la tristesse, le ver de la conscience.

70 Dans le cinquième, je toucherai ces flammes vengeresses, m'efforçant de comprendre vivement comment elles environnent et brûlent les âmes des réprouvés.

71 Faisant un colloque avec Jésus-Christ Notre-Seigneur, je me rappellerai combien d'âmes sont en enfer: les unes parce qu'elles n'ont pas cru à la venue du Sauveur, les autres parce qu'en y croyant elles n'ont pas agi selon ses commandements; partageant ces âmes en trois classes: la première, celles qui se sont perdues avant sa venue; la deuxième, pendant sa vie; la troisième, après sa vie en ce monde. Je lui rendrai grâces de ne m'avoir laissé tomber par la mort dans aucune de ces classes; me rappelant, au contraire, comment j'ai toujours été jusqu'ici l'objet de sa grande compassion et de sa grande miséricorde; et je terminerai en récitant le *Notre Père*.

Annexe 2

Des prêtres, des religieux, religieuses risquent-ils l'Enfer ?

A une pareille question nous aimerions répondre Non ! Parce que ces personnes sont par vocation des élues, mais nous sommes obligés de répondre Oui ! et voici les raisons.

Il ne suffit pas d'avoir été ordonné, ou d'avoir prononcé des vœux dans l'Eglise pour échapper à ce risque. Il faut « **accomplir** » la volonté de Dieu dans l'état de vie où l'on se trouve. **Il ne faut pas s'amuser avec la vocation !**

Ces personnes ont pris un engagement vis-à-vis de Dieu, l'ordination reçue, les vœux qu'elles ont prononcé. Il faut prendre au sérieux les engagements pris envers Dieu, ce même Dieu qui leur a beaucoup donné, leur réclamera aussi beaucoup en retour.

Premier cas : Si des prêtres, des religieux, des religieuses ou des personnes consacrées, malgré leur ordination ou leur profession religieuse, leur consécration, vivent d'une façon habituelle en état de péché mortel, il est beaucoup à craindre que ces âmes élues soient sur le chemin de l'Enfer, car il peut arriver que leur péché se double d'hypocrisie, de scandale, d'ingratitude et de sacrilège *(par exemple si les personnes continuent à célébrer la messe et à recevoir le corps du Christ alors qu'elles seraient en état de péché mortel*). Saint Paul nous avertit que chacun doit faire son salut avec crainte et tremblement. Ph. 2, 12.

On ne badine pas avec Dieu ! On ne badine pas avec les engagements pris envers Dieu ! L'ordination sacerdotale et les vœux !

On peut également ajouter le grand danger qui existe, pour la personne qui en pleine connaissance de ce qu'est la Franc-maçonnerie, *(par exemple)* donne son affiliation à un groupe de genre. Quand des personnes s'engagent volontairement dans la sorcellerie ou décident de conclure un pacte avec le diable.

Nous réaffirmons que ce qui est puni éternellement, ce n'est pas le péché d'un moment qui aussitôt commis est rétracté (*la personne ayant le repentir et demandant pardon à Dieu).*

Ce qui est puni éternellement est le péché non rétracté, maintenu et accepté jusqu'à l'impénitence finale. Ce qui est puni est donc le choix et l'attitude de la personne qui s'est détournée de Dieu et qui s'obstine dans cette attitude jusqu'à la fin. C'est cela qui mérite un châtiment éternel.

Deuxième cas : Ceux qui acceptent dans leur vie la tiédeur de volonté, c'est-à-dire, ceux qui consentent à vivre dans la négligence de façon habituelle sans la combattre.

Le Père Louis Lallemant disait qu'il y a dans les congrégations, les instituts ou les ordres religieux « quatre sortes de religieux : les uns parfaits ; d'autres méchants, superbes, pleins de vanité, sensuels ennemis de la régularité ; d'autres tièdes, lâches, nonchalants ; et les derniers vertueux…. » *Doctrine spirituelle, DDB Bellarmin Collection Christus, 2011 page 404*

Vivre dans la tiédeur, c'est comme faire un pacte avec le péché véniel délibéré. Quand la personne qui était appelée à la perfection en vient à se faire une petite vie commode, la routine s'étant glissée dans cette vie, la ferveur s'est éteinte, la vie intérieure est morte de consomption, un relâchement dans l'oraison s'est installé, la personne perd le goût de Dieu et l'intelligence des choses de Dieu. Il y a encore une bonne tenue, mais elle est purement extérieure. Apoc, 3,15
La vie religieuse authentique est ferveur, elle ne souffre pas de médiocrité. Le mauvais exemple donné ou des erreurs enseignées aux autres peuvent mettre en danger les prêtres et les personnes consacrées.

Voici un extrait de la vision de l'Enfer de Sainte Josefa Menendez concernant des personnes consacrées. *: « Josefa notait que la plupart des âmes religieuses plongées dans l'abîme s'accusaient de péchés affreux contre la chasteté... de péchés contre le Vœu de Pauvreté... d'usages illégitimes des biens de la Communauté... de passions contre la Charité (jalousie, rancune, haine), etc...», « de relâchement et de tiédeur... de commodités qu'elles s'étaient accordées et qui les avaient entraînées à des fautes plus graves... de mauvaises confessions par respect humain, manque de courage et de sincérité, etc....) »*

Troisième cas : Les personnes qui vivent en état de **dispersion**. Celles-ci se livrent aux choses extérieures *(même aux activités apostoliques*) sans frein, ni mesure.*(l'activisme*). Chez ces personnes la piété est soutenue par le sentiment plus que par la volonté. La dévotion est maintenue plus par le milieu que par une solide conviction personnelle. Des personnes qui s'accrochent à des pratiques religieuses incapables d'amender leur conduite. Elles font des prières, mais des prières qui ne peuvent pas transformer leur vie et leur conduite.

Ce ne sont pas ceux qui crient : « Seigneur, Seigneur, qui entreront dans le Royaume des cieux, ce sont **ceux qui font** la volonté de Dieu ».

Que celui qui a des oreilles pour entendre entende.

Annexe 3

L'EGLISE CATHOLIQUE ET L'ENFER

La doctrine de l'église catholique sur l'enfer n'a guère varié au cours des temps. On peut expliquer cela par le fait que les paroles de Jésus sur l'enfer sont claires :
-L'enfer existe
-L'enfer est éternel
-Le damné souffre de la séparation de Dieu et de différents tourments dont le feu en particulier.
Voici ci-dessous quelques textes quelques citations du Catéchisme de l'Eglise Catholique.

Le catéchisme actuel de l'église catholique au sujet de l'Enfer

1033. Nous ne pouvons pas être unis à Dieu à moins de choisir librement de l'aimer. Mais nous ne pouvons pas aimer Dieu si nous péchons gravement contre Lui, contre notre prochain ou contre nous-mêmes : " Celui qui n'aime pas demeure dans la mort. Quiconque hait son frère est un homicide ; or vous savez qu'aucun homicide n'a la vie éternelle demeurant en lui " (1 Jn 3, 15). Notre Seigneur nous avertit que nous serons séparés de Lui si nous omettons de rencontrer les besoins graves des pauvres et des petits qui sont ses frères (cf. Mt 25, 31-46). Mourir en péché mortel sans s'en être repenti et sans accueillir l'amour miséricordieux de Dieu, signifie demeurer séparé de Lui pour toujours par notre propre choix libre. Et c'est cet état d'auto-exclusion définitive de la communion avec Dieu et avec les bienheureux qu'on désigne par le mot " enfer ".

1034 Jésus parle souvent de la " géhenne " du " feu qui ne s'éteint pas " (cf. Mt 5, 22. 29 ; 13, 42. 50 ; Mc 9, 43-48), réservé à ceux qui refusent jusqu'à la fin de leur vie de croire et de se convertir, et où peuvent être perdus à la fois l'âme et le corps (cf. Mt 10, 28). Jésus annonce en termes graves qu'il " enverra ses anges, qui ramasseront tous les fauteurs d'iniquité (...), et les jetteront dans la fournaise ardente " (Mt 13, 41-42), et qu'il prononcera la condamnation : " Allez loin de moi, maudits, dans le feu éternel ! " (Mt 25, 41).

1035 L'enseignement de l'Église affirme l'existence de l'enfer et son éternité. Les âmes de ceux qui meurent en état de péché mortel descendent immédiatement après la mort dans les enfers, où elles souffrent les peines de l'enfer, " le feu éternel " (cf. DS 76 ; 409 ; 411 ; 801 ; 858 ; 1002 ; 1351 ; 1575 ; SPF 12). La peine principale de l'enfer consiste en la séparation éternelle d'avec Dieu en qui seul l'homme peut avoir la vie et le bonheur pour lesquels il a été créé et auxquels il aspire.

1036 Les affirmations de la Sainte Écriture et les enseignements de l'Église au sujet de l'enfer sont un appel à la responsabilité avec laquelle l'homme doit user de sa liberté en vue de son destin éternel. Elles constituent en même temps un appel pressant à la conversion : " Entrez par la porte étroite. Car large et spacieux est le chemin qui mène à la perdition, et il en est beaucoup qui le prennent ; mais étroite est la porte et resserré le chemin qui mène à la Vie, et il en est peu qui le trouvent " (Mt 7, 13-14) : Ignorants du jour et de l'heure, il faut que, suivant l'avertissement du Seigneur, nous restions constamment vigilants pour mériter, quand s'achèvera le cours unique de notre vie terrestre, d'être admis avec lui aux noces et comptés parmi les bénis de Dieu, au lieu d'être, comme de mauvais et paresseux serviteurs, écartés par l'ordre de Dieu vers le feu éternel, vers ces ténèbres du dehors où seront les pleurs et les grincements de dents (LG 48).

1037 Dieu ne prédestine personne à aller en enfer (cf. DS 397 ; 1567) ; il faut pour cela une aversion volontaire de Dieu *(un péché mortel),* et y persister jusqu'à la fin. Dans la liturgie eucharistique et dans les prières quotidiennes de ses fidèles, l'Église implore la miséricorde de Dieu, qui veut " que personne ne périsse, mais que tous arrivent au repentir " (2 P 3, 9) : « **Voici l'offrande que nous présentons devant toi, nous, tes serviteurs, et ta famille entière : dans ta bienveillance, accepte-la. Assure toi-même la paix de notre vie, arrache-nous à la damnation et reçois-nous parmi tes élus** » (MR, Canon Romain 88).

Annexe 4

Un possédé rend hommage à la Très Saint- Vierge

(Antoine Gay 1790-1871) le possédé qui glorifia l'Immaculée)

Marie est la terreur de l'Enfer. Elle arrache aux démons quantité d'âmes, que nous nous sommes efforcés de séduire ; et lorsque nous croyons triompher, elle nous les enlève et les convertit.

« **Il n'y a aucune langue pour louer la Mère de Dieu comme elle le mérite**. Il n'y a aucune créature pour comprendre toute sa grandeur, sa bonté, sa puissance.

Tous ceux qui ne croiront pas à sa virginité, à sa divine maternité, à son Immaculée Conception, périront éternellement.

Marie a plus de force, à elle seule, que toutes les créatures, que tous les anges, que tous les saints ensembles.

Je compare Marie à une armée formidable. Tout lui est soumis ; au moindre signe tout lui obéit.

Marie est la terreur de l'Enfer. Elle arrache aux démons quantité d'âmes, que nous nous sommes efforcés de séduire ; et lorsque nous croyons triompher, elle nous les enlève et les convertit.

Dieu se complait en Marie. Il vous le prouve en ne refusant jamais une grâce, de toutes celles que Marie lui demande.

Quand les hommes prient Marie, ils ne la prient pas avec assez de respect ; ils ne réfléchissent pas qu'en honorant Marie ils honorent Dieu qui l'a faite ce qu'elle est.

Celui qui aime Marie, est l'ami de Dieu. O Marie ! il n'y a point de cœur qui vous aime comme vous méritez d'être aimée. Vous aimez les hommes mortels souverainement ; votre amour pour eux est inconcevable.

Vous êtes la Porte du Ciel. Vous êtes le modèle de toutes les vertus. C'est par vos mains divines que découlent toutes les grâces que Dieu répand sur la terre.

Vous êtes la consolation des affligés, l'asile des misérables, le refuge des pécheurs, la joie des justes.

Vous retirez de la mort ceux qui espèrent fermement en Vous. Vous apaisez votre Fils, quand il est irrité. Vous obtenez le salut des pécheurs.

Le bruit de vos merveilles se répand dans tout l'univers. »

Citation tirée du livre du ***Chanoine Georges Panneton*** *Le Ciel ou l'Enfer, - tome II l'Enfer*. Pages 236-237

Bibliographie

1. **Sœur Josefa Menendez,** *l'Appel à l'Amour.* **Edition apostolat de la Prière, Toulouse 1944,**
2. **Sainte Faustine Kowalska, Le Petit Journal**
3. **Chanoine Georges Panneton** *Le Ciel ou l'Enfer, - tome II* ***l'Enfer.*** Ed. Beauchesne, Paris 1956, 251 pages
4. **Padre Livio,** *Inchiesta sull Inferno ,Piemme Milano , 2013, 205 p.*
5. **Jean Mathiot,** *Ils ont vu l'enfer, enseignement de l'Eglise Catholique, visions et témoignages.* Ed Rassemblement à son image, Capelle, 116 pages
6. **Abbé Paul,** ***Les merveilles de l'amour miséricordieux,*** **Ed Saint Michel, Saint Céneré 1970, 408 p.**
7. **THOMAS A KEMPIS** ***l'Imitation de Jésus Christ***

Autres publications de l'auteur

(Livres disponibles à la communauté jésuite de Gounghin)

1) **Passion du Christ sanctifie-moi - Pour une méditation quotidienne de la Passion.**
2) Je veux rester trois heures avec le Christ en agonie sur la Croix, méditant sa passion et celle de sa mère.
3) Je me prépare à l'Illumination des consciences en recevant le sacrement de réconciliation – en retraite chez soi. Ed. Paam Yôodo, 2017
4) Neuvaine au Bon Larron ou le dialogue avec Dismas.
5) Neuvaine à Saint Joseph - Ite ad Joseph
6) Neuvaine à l'Esprit Saint : la première neuvaine de l'Eglise naissante.
7) Le culte de la Divine Miséricorde.
8) Chemin de Croix dicté par Notre Seigneur Jésus-Christ à Vassula
9) Neuvaine à Notre Dame de Yagma
10) Une messe pour tous les défunts de la lignée.
11) La Christianisation du Moogo, pourquoi les Moose se sont-ils convertis ?
12) Regard sur le Purgatoire – Recueil de prières pour les saintes âmes du Purgatoire.
13) Aimez le Rosaire, aimez contempler les mystères du Rosaire.
14) A propos des Indulgences dans l'Eglise Catholique.
15) L'Adoration Eucharistique
16) Neuvaine à mon Ange Gardien
17) Neuvaine à la Divine Miséricorde
18) **Une messe pour tous défunts de la lignée**

Page de couverture (4° page)

L'Enfer existe... et il est éternel !

Je sais que ce livre ne plaira pas à tout le monde, parce qu'il y a dans le christianisme, une vérité terrible, qui, de nos jours suscite dans le cœur de l'homme de grandes répulsions. - Cette vérité est celle de l'existence de l'Enfer et de ses peines éternelles.

Tout se passe comme si au seul énoncé de ce dogme, l'intelligence se trouble, le cœur se resserre et frémit, les passions se raidissent et s'irritent contre cette doctrine et contre les voix importunes qui l'annoncent.

Alors faudrait-il se taire et laisser dans l'oubli ou couvrir d'un voile cette vérité essentielle touchant la destinée suprême de l'homme après ces quelques courtes années de séjour, d'exil sur la terre ?

Mais si l'Enfer est une réalité, tout le silence que nous ferions autour d'elle, n'ébranlerait pas sa certitude. Les atténuations et les adoucissements du langage humain, n'en abrégeraient pas la durée. Le comble de la folie serait de nous persuader, qu'en détournant notre attention de cette réalité, en refusant d'en parler, en nous efforçant de ne pas y croire, nous parviendrons un jour à en conjurer la rigueur. C'est de la folie ! Comme prêtres je ne vois pas comment nous pouvons vivre en repos quand nous voyons tant d'âmes que le démon veut entrainer avec lui en Enfer.

Ainsi la méditation de l'Enfer et la pensée du sort affreux des damnés devraient nous inciter à ne plus offenser Dieu et à déployer tous nos efforts pour sauver nos frères et sœurs, en les attachant au Christ, notre unique Sauveur.

Jean Ilboudo né le 16 janvier 1945 à Zangbèega. Il entra au Petit Séminaire de Pabré en 1958 continua sa formation au Petit Séminaire de Nasso et ensuite au grand séminaire de Koumi. Ordonné prêtre le 6 Août 1972, à Gilungu, il est nommé vicaire à la paroisse Sacré Cœur de Dapoya pendant deux ans. Il entra au noviciat des jésuites en octobre 1974 à Yaoundé au Cameroun. Après le noviciat Il commença des études d'histoire à l'Université de Yaoundé qu'il poursuivra à l'Université d'Abidjan et Lyon II. Ses études d'Histoire aboutissent à une thèse à l'Université Lyon II - « Christianisation du Moogo, pourquoi les Moose se sont-ils convertis » DE 1979 à 1981 il fit des études de spiritualité à l'Université grégorienne. Il fut envoyé en mission successivement en Côte d'Ivoire, au Kenya au Cameroun, et ensuite à Rome comme un des conseillers du Préposé Général de la Compagnie pendant huit ans. Depuis 2008, il est envoyé au Burkina Faso où il a la charge d'Instructeur de Troisième An. Le Cardinal Philippe Ouédraogo l'a nommé Exorciste depuis 2014 et aumônier diocésain du renouveau charismatique. Le Père Jean est l'auteur d'une dizaine de neuvaines et autres livres spirituels.

L'Enfer existe...
et il est éternel

Un article de notre foi chrétienne

Visions et témoignages de ceux qui ont vu l'Enfer

(rassemblés et présentés par)

Jean Ilboudo de la Théotokos, S.J.

Printed by Books on Demand GmbH, Norderstedt / Germany